LÜSHI QINGHUAI

王良其 著

律师情怀

全国百佳图书出版单位
时代出版传媒股份有限公司
安徽人民出版社

图书在版编目（CIP）数据

律师情怀/王良其著. -- 合肥：安徽人民出版社,2022.5
ISBN 978-7-212-11464-0

Ⅰ.①律… Ⅱ.①王… Ⅲ.①律师—职业道德—中国 Ⅳ.① D926.5

中国版本图书馆 CIP 数据核字 (2022) 第 082616 号

律师情怀

王良其 著

出 版 人：杨迎会　　　　　　　　责任印制：董 亮
责任编辑：卢昌杰　　　　　　　　封面设计：陈 爽

出版发行：安徽人民出版社 http://www.ahpeople.com
地　　址：合肥市政务文化新区翡翠路 1118 号出版传媒广场八楼
邮　　编：230071
电　　话：0551—63533258　0551—63533292(传真)
印　　刷：合肥安博印务有限公司

开本：710mm×1010mm　1/16　　印张：14.25　　字数：200 千　　插页：8
版次：2022 年 5 月第 1 版　　　　　　　　　　　2022 年 5 月第 1 次印刷

ISBN 978-7-212-11464-0　　　　　　　　　　　　　　　　定价：88.00 元

版权所有，侵权必究

踌躇满志,王良其律师

风华正茂,少年王良其军旅生涯珍贵留影

忆往昔,王良其律师重温当年戎马岁月

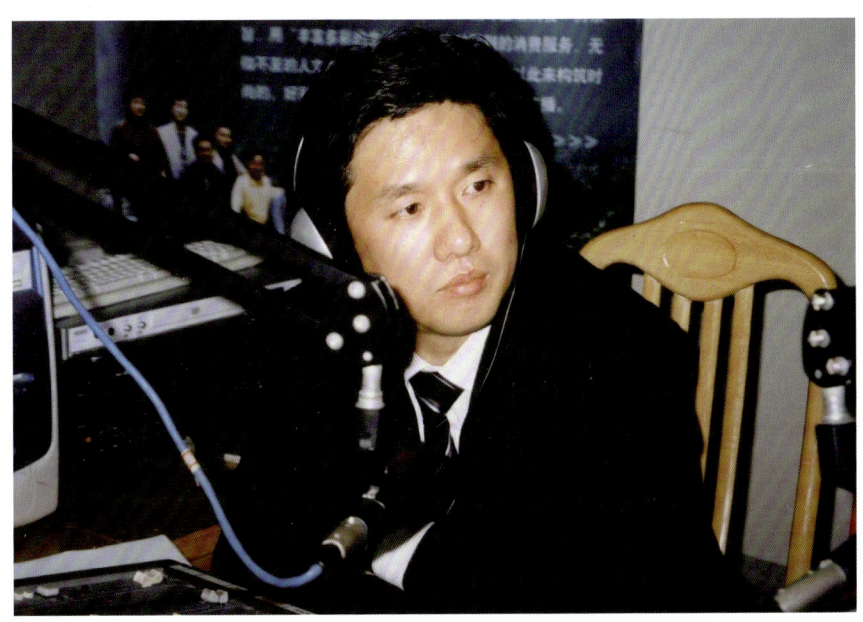

温情普法，王良其律师受邀主持安徽经济广播电台法律专栏

术业专攻，王良其律师为闽商商会众企业家开展法律专题讲座

慷慨激辩，王良其律师庭上陈词

辞旧迎新，王良其律师出席安徽王良其律师事务所年会

行业建设，王良其律师在安徽省律师协会委员会议作为代表发言

成竹在胸，王良其律师奔赴外地开庭

探迹莫斯科，王良其律师在克里姆林宫

中西交流,王良其律师前往美国联邦法院旁听学习

游学日本，2012年王良其律师在东京湾

游历欧洲，2011年王良其律师在捷克布拉格

寻访唐踪，2012年王良其律师在日本名古屋

寻声奥地利，王良其律师在维也纳金色大厅

永远的巴黎圣母院，王良其律师于2006年受邀前往法国考察

建功时代，2008年5月王良其律师被安徽省司法厅荣记三等功

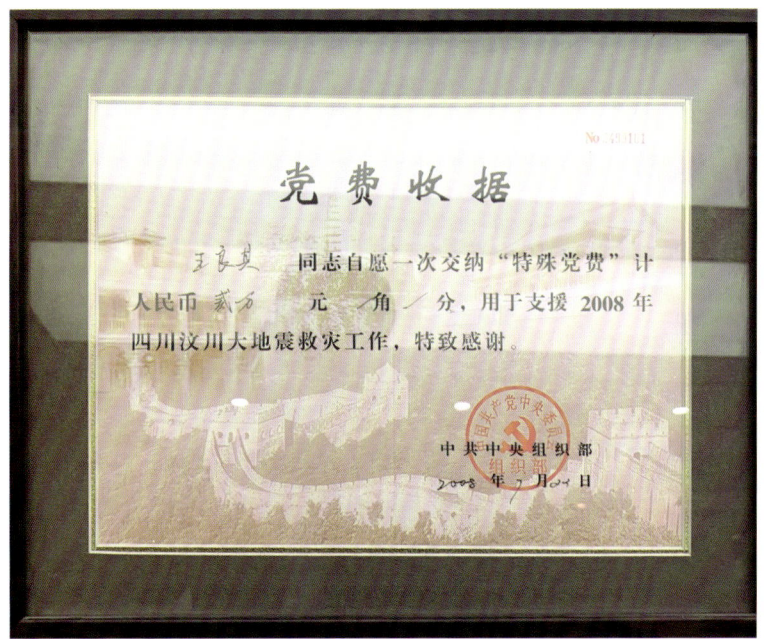

古道热肠，王良其为支援汶川大地震抗震救灾捐赠贰万元整

专业深耕，王良其律师于2000年即获取从事证券法律业务资格

桃李天下，2014年王良其律师受聘为首都经济贸易大学法学院兼职硕士生导师

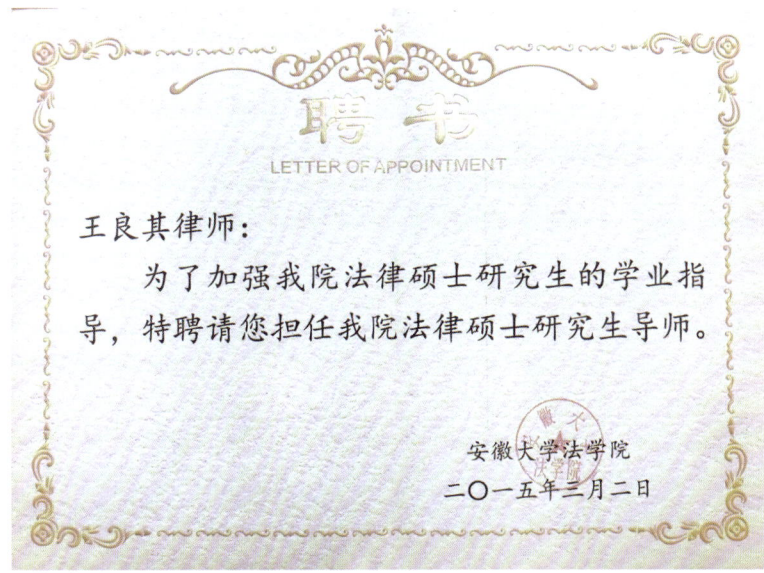

木铎之心，2015年王良其律师受聘为安徽大学法律硕士研究生导师

行业能匠，王良其律师于2009年荣获安徽省十佳律师

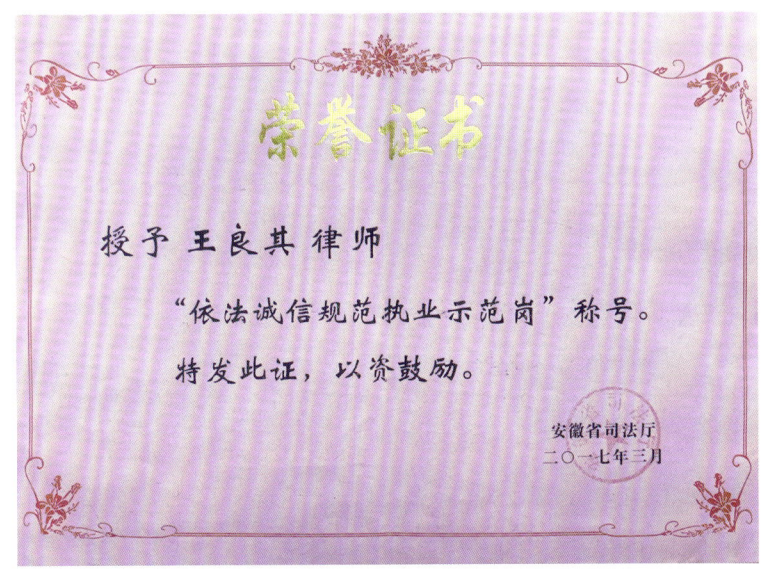

模范表率，王良其律师于2017年荣获"依法诚信规范执业示范岗"称号

助力法治建设，王良其律师受聘为"安徽省人大监察和司法委员会监督咨询员"

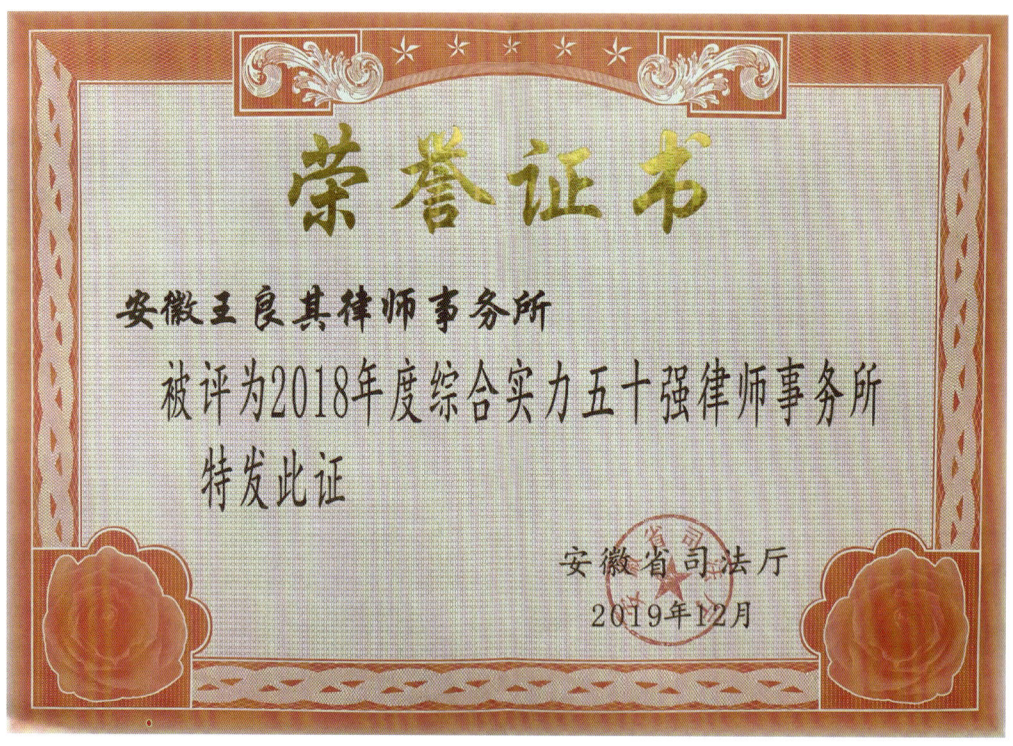

　　精兵强将，安徽王良其律师事务所被连续评为"综合实力五十强律师事务所"

自 序

我是带着对正义的追求入了律师这个行业。二十七年的执业磨炼，我早已把律师这一行作为我的终身职业来发展和追求。

时常有人问我，作为男人，最宝贵的品格是什么？我说，激情！作为律师，最宝贵的品格是什么？我说，诚信！

是的，没有激情，人就不会有长久的工作动力，就不会有创造的冲动。没有诚信，当事人就不会冒着诚信风险把关乎"身家性命"的重要大事去交给律师"打理"。

我时常告诉身边的律师，"不要轻易放弃理想"。是的，我们每个律师每天都要接触很现实的一面，甚至很阴暗的一面，但我们绝不能放弃当初我们选择做律师时的梦想。人之状态，有梦最美，否则，我们就不会有持久的动力，就不会有创造的冲动。当目标确立之后，我们的任务只有一

个——实现。

人生境遇,从心开始。展望未来,新的希望,新的起点,我们只有加倍拼搏、努力去做。"为社会创造价值,让律师飞得更高"是我们永远不变的追求!

目 录

自 序 / 001

无罪辩护一百条 / 001

案 例 / 023

情 怀 / 091

思 考 / 161

游 记 / 179

诗 词 / 213

无罪辩护一百条

律师情怀
LÜSHI QINGHUAI

律师情怀
LüSHI QINGHUAI

无罪辩护一百条

一、刑辩律师必须业务专精、为人正派、行为自律,没有明显的道德软肋或硬伤,没有被人跟踪、盯梢,即可被他人发觉并掌握的把柄。

二、公检法等办案机关之间协作、补漏、配合远远大于相互之间制约所发挥的效能,这是司法实践中客观存在的事实。

三、刑事诉讼程序一旦开启,办案流水线就会开始快速运行,即使被人发现是错案也难以做到及时刹车,因为错案追究、考核机制等的存在,公检法等办案单位纠错、制约等机制有时也会失灵。

四、刑事诉讼程序启动后,即使被人发现是错案,但由于办案考核目标的存在,办案人员也会想尽一切办法进行"补正",除非是命案等自然犯。如果补正不了,最后可能造成法院判决去"买单"。

五、司法实践中,刑辩律师为被告人作无罪辩护,无异于让办案人员火中取栗。因此,他们往往把无罪辩护律师当成"对手",有时甚至还会离间被告人及其亲属与刑辩律师之间的关系,甚至通过各种手段给被告人安排便于他们掌握的律师。

六、司法机制中,公安机关的主要任务是打击犯罪,检察机关的主要任务是指控犯罪,辩护律师的任务是提出被告人无罪、罪轻或者减轻、免除其刑事责任的材料和意见。很显然,法院的职责应当是不偏不倚地居中裁判,法院是纠正错误追诉的最后一道防线。

七、文明法治社会,保障无罪的人不受法律追究是审判机关司法价值所在。因为放过一个有罪的人,可能污染了河水,但冤枉一个无罪的好人,相当于污染了河水的源头。

八、刑辩律师通过辩护,让被告人最终获得无罪,根据办案单位现行考核机制,这会影响办案人员的前程,甚至会被追究他们的法律责任。因此,侦查人员、公诉人甚至某些法官对刑辩律师为被告人作无罪辩护非常反感。

九、刑辩律师不仅要敢辩,而且要善辩;不仅要善辩,而且要敢辩,更要真辩。

十、存在天生胆小、性格怯懦、患得患失、明哲保身等性格或价值观的人,不适合从事刑辩律师,更不适合承担无罪辩护之刑辩律师重任。

十一、有深厚官方背景的律师，最好不要为被告人作无罪辩护，当然，他们一般也不愿意为被告人作无罪辩护。因为他们即使为被告人作了无罪辩护，但万一最终判决结果不好，被告人及其亲属可能会认为其没有进行"真辩"。

十二、无罪辩护，会让刑辩律师陷入"苦战"与"持久战"，刑辩律师、被告人及其亲属对此应做好心理准备。

十三、虽然办案人员与被告人往日无冤、近日无仇，但由于"猫捉耗子"社会角色与法律分工不同，被告人及其亲属不要试图通过"勾兑"手段让办案人员认定被告人无罪。而且被告人一旦进入刑事诉讼程序，在办案人眼里"你必须有罪"。因此，要想获得无罪，唯一只能通过被告人坚定的态度、刑辩律师艰苦卓绝的辩护才能获得。

十四、为被告人进行无罪辩护，刑辩律师可能会遭到来自各方面利益关系人的报复。所以，刑辩律师应当对自身安全及家人安全采取必要的防范措施。

十五、刑辩律师办案时入住酒店，夜晚不可单独外出活动，有人敲门时要核验敲门人的身份和证件。因为，你不知道酒店走廊里暗藏着什么情况。

十六、刑辩律师，平时应尽量少去娱乐场所，杜绝出入可能存在色情活动的场所，以防止遭人陷害。因为，抹黑一个人，不要说其有违法行为，只要在道德上给你抹黑，在世人的眼里，你可能真的就"黑了"。

十七、刑事案件，律师越早介入越好，最好是采取强制措施时即由律师同步介入。侦查阶段、批捕之前、审查起诉阶段，都是刑辩律师介入刑事辩护的黄金时间段。

十八、刑辩律师进入看守所会见被告人，一举一动都会被录像；一声一响，哪怕是打个喷嚏都会被录音。因此，刑辩律师在监管场所内要克制并检点法律规定之外的言行。

十九、刑辩律师会见时仅取得被告人同意让你给他辩护还远远不够，要取得被告人内心对你专业信任和人品认同。否则，具有实力的被告人及亲属迟早会把你换掉。

二十、通过人脉关系获得刑事辩护案源的律师，如果没有刑辩专业的深厚积累，最好不要介入刑事辩护，因为你迟早会被被告人或其亲属炒鱿鱼。

二十一、刑辩律师不要认为没有打过官司的普通老百姓不了解律师，错！中国普通老百姓通过电影、电视、文学艺术作品，认知并了解了不少的律师。他们在首次接触刑辩律师时，都会与自己"心中的律师"形象进行对照。

二十二、高官、高管等职务犯罪被告人或从事生产经营活动的被告人，他们具有较为丰富的领导经验、管理经验和经济生活经验，但他们大多具有刚愎自用、自以为是的行事风格，甚至喜欢用自己的工作经验或生活逻辑代替法律逻辑。

二十三、刑辩律师除收取被告人及其亲属支付的律师费外，不要、不应、不得再向被告人或其亲属收取"办案费""打点费"——若没有发生这些费用而收取了，则属于诈骗；若真的发生了这些费用而收取了，则极有可能被吊销《律师执业证》。

二十四、有实力的被告人或其亲属可能会舍近求远赴外地聘请刑辩律师，以防止当地公检法等单位干扰本地刑辩律师为被告人作无罪辩护。

二十五、刑辩律师会见被告人时，应首先询问被告人，办案人员有没有对被告人进行过刑讯逼供，并详细解释什么是"刑讯逼供"。刑讯逼供除了直接使用暴力外，还包括晒、饿、冻、烤、疲劳审讯、精神折磨等。若存在上述情况，刑辩律师要告诉被告人一定申请"非法证据排除"。必要时，刑辩律师要代被告人进行控告。

二十六、办案人员在非法取证时，心里也很虚！他们深知：非法取证拿捏得再有度也是见不得阳光的非法甚至犯罪行为，万一真的因非法取证把犯罪嫌疑人弄伤或弄死，不仅断送了个人前程，也会身陷囹圄、摊上牢狱之灾。千万别期望有人会替自己的非法行为去背锅或承担责任。因此，最好是依法取证。

二十七、在案件情况不明朗时，不赞成被告人及其亲属退赃，并旗帜鲜明地反对被告人亲属举债退赃。

二十八、无论法律如何规定，被告人在供述中"承认有罪"，此种证

据在司法实践中永远是"证据之王"。这种情况下，被告人想翻案难于上青天。

二十九、被告人没有自证其罪的义务，也没有自证清白的义务。所以，被告人在回答办案人员讯问时，要惜字如金，万不可自作聪明或刚愎自用根据自己的社会经验或工作经验回答问题，或胡乱承认，或违心地承认有罪，更不能因为害怕或为讨好办案人员而编排有罪的事实。

三十、不赞成被告人自己书写《自我交代》或《悔过书》之类的认罪材料。若被告人通过自己书写材料承认有罪，无论被告人基于何种考虑，除非涉及命案，法院都会百分之百判决被告人有罪。

三十一、让被告人亲笔书写的《自我交代》或《悔过书》，往往成为办案人员掩盖审讯等办案程序违法、定罪证据不足的常用手段，特别是年龄偏大、社会经验丰富的办案人员。

三十二、如果被告人认为自己无罪，刑辩律师也同样认为被告人无罪，就应为被告人作无罪辩护。如果被告人认为自己无罪，刑辩律师认为其有罪，则刑辩律师不要违背被告人的意思强行为其辩护。

三十三、刑辩律师会见被告人时，要提醒被告人对办案单位的讯问要求进行同步录音录像（办案单位讯问室或监管场所的监控，仅仅只是安全监控，不属于同步录音录像），并对《讯问笔录》进行全面核对、仔细订正、确认无误后方可签字。

三十四、如果被告人告诉辩护律师，办案人员讯问时对其所作的无罪辩解不予记录，或事先打印好《讯问笔录》让其签字，或者让其按照其他被告人、证人的笔录进行回答讯问，被告人应申请其回避。若申请其回避被驳回，被告人应拒绝再与该办案人员合作——不回答、不申辩、不解释，保持缄默，以后在法庭上让证据"说话"。

三十五、对于办案人员在讯问时存在刑讯逼供、诱供、骗供、指供、故意记录不全、不留时间给被告人阅读校订，催促被告人签字，刑辩辩护律师则明确告诉被告人应当拒绝签字。

三十六、刑辩律师会见被告人时，要询问被告人是否认罪，并告诉他"认罪认罚"的真实意义——仅仅只是获取一个量刑从轻酌定情节，并不能改变被告人的法律地位或命运。

三十七、被告人认罪认罚之后，刑辩律师要明确地告诉被告人在开庭时其不能再为自己作无罪辩护，甚至在某些情况下不能对一审判决结果再进行上诉。

三十八、如果被告人愿意认罪认罚，刑辩律师应告诉被告人必须是"真的有罪"，切不可用认罪认罚来换取别的眼前利益——最终，极有可能也是徒劳的。

三十九、一个真的无罪的人如果认罪认罚，最后会有99%大概率被法院判决有罪。这个罪名将跟随被告人的一生，许多职业将与被告人无缘，

甚至被告人的下一代也与某些闪光职业无缘。

四十、刑辩律师不应主动规劝被告人认罪认罚；对被告人受办案人员误导已签下《认罪认罚具结书》的，应当建议被告人撤回认罪认罚申请。

四十一、刑辩律师规劝被告人认罪认罚是违反律师执业伦理的行为——如同医生让病人放弃治疗。这对整个刑辩律师队伍乃至社会的影响都是负面的。

四十二、辩护权不仅是《刑事诉讼法》规定被告人享有的权利，而且是《宪法》赋予被告人的基本权利，若被告人对于是否认罪认罚没有判断能力，刑辩律师应当根据刑辩律师公认的业务标准和勤勉尽责精神，为被告人提出是否接受认罪认罚的参考意见。

四十三、司法实践中，让被告人"认罪认罚"已经成为某些办案人员掩盖证据不足、程序违法，甚至作为掩盖冤假错案的工具。这是一个不容法律人回避的客观事实。

四十四、《起诉书》虽然加盖了人民检察院的公章，但其所指控的"犯罪事实"仍然属于待证事实。说得通俗些，它是在讲犯罪嫌疑人的故事。至于故事能不能成立，就要看其在法庭上有哪些证据支撑这个故事。

证明被告人构成犯罪，是公诉机关的举证责任。举证责任包括两个方面：拿出证据的责任，说服与证明责任。

辩护律师的辩护思路，应当根据《起诉书》所阐述的犯罪事实是否具体，定性是否准确，指控犯罪事实与定性结论之间是否能够形成支撑关系，被告首次供述时是否认罪，卷宗内对事实形成关键性支撑的物证、书证等客观证据是否确实充分等方面情况进行确定。

四十五、刑辩律师开庭之前会见被告人时，要向被告人阐述辩护思路；介绍庭审程序过程以及每个阶段应注意的事项；提醒被告人在回答公诉人、审判人员、其他被告人或其他被告人刑辩律师的发问时，一定要听清楚再回答，若没听清他们的提问，则要求他们重复一遍。因为，公诉人甚至审判人员的发问，都是为了证明被告人有罪、罪重。

四十六、告诉被告人，对于公诉人，也包括某些法官可能设下的讯问陷阱，被告人应以没有自证其罪、自证清白的义务而拒绝回答，并要求公诉人举证、合议庭根据控辩双方所举证据来认定案件事实。

四十七、刑辩律师应全面阅读并掌握卷宗材料，并复制完整的卷宗材料。除让被告人核对案件事实或让律师助理、实习律师书写《质证意见》外，不得向其他人提供卷宗材料。

四十八、刑辩律师不要与案件被害人有任何接触。如需向被害人了解情况，应申请被害人出庭作证、接受询问或与被告人进行对质。

四十九、刑辩律师收集证据，应尽量收集客观证据、还没有被办案人员询问过的证人证言。若无特殊需要，不要找已经被办案人员询问过的证人重新制作《询问笔录》。

五十、无论是侦查阶段、还是审查起诉阶段,抑或是审判阶段,刑辩律师均可以为被告人进行辩护并发表辩护意见。如果刑辩律师为被告人作无罪辩护,在侦查阶段应向侦查机关提交《撤销案件法律意见书》;在审查起诉阶段向公诉机关提交《不予批捕法律意见书》《不予起诉法律意见》或《取保候审申请书》等材料。

五十一、刑辩律师在庭审前要准备好书面《质证意见》《发问提纲》《举证证据目录》及《辩护词》初稿。这不仅可以让刑辩律师在纷繁复杂的庭审过程中非常从容,更重要的是让被告人无罪的事实理由在前述材料的准备整理过程中逻辑上更为周密,无罪的意见更加精准。

五十二、刑辩律师在准备《质证意见》时,可根据庭审需要同步草拟《发问提纲》,调整《辩护思路》,并不时对其进行修正和完善。

五十三、刑辩律师开庭前应根据不同的情形,向合议庭提交《非法证据排除申请书》《申请侦查人员出庭作证申请书》《调取同步录音录像申请书》《申请证人出庭做证申请书》《调取证据申请书》《重新鉴定申请书》《申请被害人出庭做证申请书》《申请鉴定人出庭做证申请书》《公开开庭网络直播申请书》等诉讼法律文件。

五十四、在不涉及国家机密、个人隐私或商业秘密的情况下,刑辩律师对于社会公众关切或具有典型意义的案件,可以通过媒体或自媒体公布案件事实、部分事实或自己收集到的证据,并就案件事实关系、法律关系、天理国法人情关系,以及案件对社会关系、法治思维和社会的文明进步所产生的影响等，阐述律师的观点。

五十五、刑辩律师没有媒体发布义务。对于媒体采访，可根据情况自主决定是否接受采访。

五十六、刑辩律师要相信党组织的力量。对于非常明显的冤假错案，办案人员存在严重刑讯逼供、贪赃枉法、报复陷害，或办案人员追求"业绩"而故意歪曲案件事实、隐瞒案件真相、销毁或隐匿证据、威胁恐吓证人以构陷被告人的案件，刑辩律师可向办案单位同级及其上级（一般至省级）纪委、公检法、政法委和人大等机关单位的主要领导反映或报告。

五十七、刑辩律师对办案人员存在故意制造冤假错案、构陷被告人的恶劣行为，可多次、多机关反映。如遇有关部门相互推诿、踢皮球等，可向中纪委巡视组反映，并适时向社会公开。

五十八、刑辩律师反映或报告情况时，应仅针对办案人员，不要针对办案机关，哪怕是办案机关"一把手"违法——不要扩大打击面。

五十九、对办案人员"未审先定"、发表对被告人不利的言论，表明该办案人员已经不能公正地办理案件，公正地对待被告人。刑辩律师此时要申请该办案人员回避。即使回避申请不被采纳，亦可让办案人员不当行为收敛。

六十、在庭前会议中，对审判人员试图利用庭前会议解决案件实体问题，可能使之后的正式开庭"走过场"，刑辩律师要明确提出反对意见并制止。

六十一、开庭时,刑辩律师若发现旁听人员中有案件侦查人员参与旁听,应提醒合议庭要求相关侦查人员退出旁听,以防止庭后侦查人员根据刑辩律师辩护情况有选择性地补充收集证据。

六十二、根据无罪推定原则,开庭时公诉人若在发问过程中用"端正认罪态度""你今天的态度将影响对你的定罪量刑"等言辞威吓被告人,刑辩律师要及时举手抗议。遇公诉人发问时对被告人疾言厉色,刑辩律师亦应当及时抗议。

六十三、刑辩律师向被告人发问时,要事先组织撰写逻辑严密的《发问提纲》。发问提纲应围绕凸显能认定被告人无罪的事实、给被告人创造说明真相的机会,围绕让法庭全面了解案件事实的目的来展开。

六十四、刑辩律师发问时,切忌用陈述或反问的方式进行发问。发问的问题要便于被告人回答,最好是设计出能让被告人无须思索、同时又不会不利于为其辩护的问题。

六十五、刑辩律师发问时,要用简明、简短、扼要的方式发问。这不仅有利于让处在高度紧张的被告人、证人或其他诉讼参与人听清发问并回答问题,更重要的是可通过发问来固定案件的某些特别重要事实、情节,并戳穿伪证谎言。

六十六、刑辩律师发问的目的,是让对于被告人有利的事实在法庭调查过程中能够凸显,而不是为了发问而发问,因此"可问、可不问的问题不问,不能把握答案结果的问题不问"。若发问的问题可能有两种以上不同的答案，刑辩律师应做好不同答案方向上的补充切入发问的准备。

六十七、刑辩律师向其他被告人发问时，要让其他被告人能够回答、愿意回答，并且能够固定和证明被告人无罪的事实。

六十八、向证人发问时，应根据证人在案发时其视觉、听觉等身体所处的时空位置、与案件当事人的关系等，设计出证人必须回答、应当回答、能够回答的问题，以让证人通过所回答的问题，使得对被告人无罪的事实得以固定，或让其之前所作的虚假证言崩溃。

六十九、向证人发问时，若证人对于应该回答的问题、可以回答的问题不回答，或回答的问题在逻辑上不能自洽，刑辩律师在归纳该证言的证据能力及证明力时，应向合议庭提示该证人不诚实、不稳定、证言不可靠或有作伪证的嫌疑等，并要求合议庭依法处理。

七十、向鉴定人发问时，要针对鉴定人资质、鉴定机构资质、司法鉴定资质、鉴定人员专业职称背景，鉴定检材是否被污染、样本是否客观真实、鉴定过程是否合规、因果关系是否具有必然性、鉴定意见的准确率、鉴定意见错误的概率等问题进行发问设计，以证明被告人有罪事实的鉴定意见不科学、不真实，甚至为虚假鉴定意见。

七十一、申请非法证据排除程序，在侦查、审查起诉、审判的各个阶段均可提出。若未被采纳，被告人上诉时可将非法证据排除作为单独的上诉理由。

七十二、对于被告人声称其遭到刑讯逼供，而公诉人又不能提供全程的、完整的、不间断的同步录音录像来证明其合法取证的，刑辩律师应要求合议庭确认所作《讯问笔录》不能排除非法获取证据可能而作为非法证据予以排除。

七十三、向侦查人员发问，要针对是否依法进行了同步录音录像，本案是否应当进行同步录音录像，为什么不进行同步录音录像，同步录音录像过程有无中断，看押或监管场所是否有安全监控，是否向被告人提供御寒衣物、食物以及衣物食物的来源等进行发问设计，以证明本案存在刑讯逼供或不能排除非法获取证据的可能。

七十四、出庭侦查人员在接受刑辩律师发问时，若该侦查人员对于应当回答的问题不回答、故意不回答，甚至态度蛮横，刑辩律师在归纳该侦查人员证言对其获取证据的手段是否合法时，应向合议庭提示该侦查人员对其所作的《讯问笔录》等证据不能证明是合法取得。与此同时，刑辩律师在庭后应向侦查机关纪检或督察部门反映，并对其非法获取证据、出庭不履行侦查人员说明义务等违法违规行为实施纪检或办案督察。

七十五、对于依法应当出庭作证的侦查人员没有依法出庭，对其所作的《讯问笔录》的真实性、合法性要明确不予确认，并对其收集《讯问笔录》等证据的方式，应明确要求合议庭认定为非法证据。

七十六、刑辩律师在庭审发问时，若公诉人以"辩护人所问问题与本案无关"为由打断律师发问，应提示合议庭要求公诉人遵守法庭秩序并尊重法庭；刑辩律师亦可以"所问问题与本案有没有关系，是本辩护人认为，而不是由公诉人来判断"等话术来应对公诉人方面的庭审干扰。

刑辩律师对公诉人所举证据进行质证时，应对公诉人所举证据的真实性、合法性、证据能力、证明力，言词证据有无客观证据印证、证据与证据之间有无相互矛盾、证据之间相互矛盾能否排除、有没有形成证据体系或证据链、能不能排除合理怀疑、是否符合常情常理等方面进行质证，以使公诉方证明被告人有罪的证据不足、不充分、不真实，不具有证明力，不能排除合理怀疑。

七十七、手机截屏、电脑截屏、电子介质有关内容打印件，均为电子数据证据，不是书证。其作为证据的真实与否，应重点质证电子设备在证据收集过程中是否具有原始性和完整性。若该电子设备处于暴露状态、没有电子数据专业警察进行数据封存（计算校验值）与物理封存（密封后加封条），刑辩律师应对该电子设备在检查时所产生的电子数据证据的原始性，进而对其真实性不予确认。

七十八、对公诉人所举电子数据证据进行质证时，应根据《计算机犯罪现场勘验与电子证据检查规则》等规定，对《电子证据检查工作记录》《电子证据检查笔录》《提取电子数据清单》《封存电子证据清单》和《原始证据使用记录》等内容是否完整进行质证。若有缺失，则对该电子数据证据的真实性、合法性不予确认。

七十九、对电子数据证据合法性质证，还包括对电子载体检查的起止时间，指挥人员、勘验人员的姓名、职务，检查的对象，检查的目的等进

行质证。若没有上述内容或内容不完整，也不清楚检查人员是否为电子数据专业警察，更不清楚侦查人员所提取的电子数据具体有哪些，即使有《电子证据检查工作记录》，该电子数据证据也不具有合法性，从而得出该电子数据证据不具有原始性和完整性，对认定被告人有罪不具有证明力。

八十、司法实践中，对于电子数据证据的收集、固定、封存等，很少有电子数据专业警察依法进行。往往都是由侦查人员违规代为收集、固定和封存；更有甚者，有些侦查人员还直接打开电子设备在原始介质上进行操作。因此，刑辩律师应大胆从专业角度、从电子数据证据特质角度对电子数据证据不具有原始性和真实性进行质证。

八十一、对于依法应当出庭作证的证人、鉴定人、被害人没有依法出庭做证的，刑辩律师应对公诉人所举其《证人证言》《鉴定意见》《被害人陈述》的真实性、合法性不予确认。

八十二、刑辩律师举证时，应从证据的来源、真实性、关键性、颠覆性、证明力等方面进行举证证明，并得出被告人无罪或是疑罪。

八十三、刑辩律师提供的证据如果是物证、书证等客观证据，除对其真实性、合法性进行举证和说明外，如果是对案件具有颠覆性的客观证据，还应当就该证据在本案证据体系中所处的地位、作用和对证明案件事实的地位、作用等进行重点说明。

八十四、刑辩律师发表的《辩护词》，应在庭前提前准备好初稿。《辩护词》应当紧扣《起诉书》的指控，并结合庭审发问情况、质证意见、举证证据对象综合而成。

《辩护词》根据案件情况可长可短。若内容过长，刑辩律师庭审发言时应尽量提纲挈领。《辩护词》各板块标题之间应自成逻辑体系，并符合阅读者思维习惯，让阅读者从自己的理性上、从内心能够得出被告人确实无罪的判断结论。

八十五、刑辩律师发表《辩护词》，应从事实、证据、程序、法律、司法解释、法理解释、社会效果、常情常理等方面进行全面布局，但应有重点、有选择地从颠覆《起诉书》指控的罪名方面进行发力。

八十六、刑辩律师在法庭辩论过程中发表《辩护词》，不是"就事论事"从形式上为被告人进行辩护，而是在发表辩护意见过程中，要从天理、国法、人情角度阐述本案的典型价值、深刻意义，以及对社会行为的导向、对国家法治的影响，以此引导合议庭形成正确思维方向，再抽丝剥茧地发表具体辩护意见。

八十七、刑辩律师在发表辩护意见时，对侦查机关、公诉机关办案人员存在的严重违法行为要坚决予以披露，并说明其行为对法治建设的危害性，以及该违法行为对案件铸成冤案、错案的必然性。

八十八、刑辩律师对合议庭提交的有关程序问题之申请不被采纳，应在发表辩护意见时明确指出其程序违法，并明确说明该程序缺失必然会引发案件变成错案。

八十九、刑辩律师在辩论时应从本案是否为错案进行事实与法律阐述——法官最担心的是办错案。

九十、刑辩律师在开庭发言过程中若被法官干预或打断,不必与法官论理,应选择尊重法庭。若发言涉及内容对无罪辩护必不可少,可在之后的发言过程再绕回来。

九十一、开庭过程中,若公诉人以法律监督者的身份干预庭审,刑辩律师应明确向公诉人指出:法律监督是在庭后进行,而不是在开庭过程中,并提示其"公诉人有客观公正的法律义务"。

九十二、《辩护词》应完整、全面、说理透彻,为上诉或将来可能的申诉打下基础,并给合议庭每个成员人手提交一份;对影响大、争议大的案件可提交给法院院长一份。

九十三、"无罪推定""罪刑法定""疑罪从无"三大刑事诉讼原则,辩护律师不仅要坚持,这更是刑辩律师在无罪辩护过程中贯穿始终的重要法宝。

九十四、《上诉状》最好由被告人的刑辩律师起草,再由被告人确定。《上诉状》应紧扣原审《刑事判决书》事实认定、法律适用错误的部分,并且重点突出。

九十五、上诉时,刑辩律师应向二审法院提交《二审公开开庭申请书》。

若发现二审违反法律规定不再公开开庭审理，应再次向二审法院申请公开开庭，并强调二审开庭的必要性。与此同时，如果因二审法院不依法开庭、辩护律师亦不准备配合二审法院"走程序"，可将新的辩护意见体现在开庭申请事实和理由之中。

九十六、对于二审法院依法应当开庭审理的案件、上诉人又强烈要求开庭审理的案件，但二审法院明确表示不开庭并同时要求刑辩律师提交《辩护词》，这种情形大概率表明二审法院准备"维持原判"。刑辩律师在征得上诉人同意的情况下，对二审法院"走过场"审判可不予配合，以为被告人日后申诉能以"二审法院没有开庭审理""没有保障被告人的辩护权"等程序违法作为再审事实和理由打下伏笔。

九十七、除非被告人愿意配合二审法院"走形式""走过场"，辩护律师对于二审法院要求提交二审《辩护词》应采取谨慎态度，以防止二审法院将应当开庭而不开庭的违法做法合法化、正当化。

九十八、刑辩律师发表二审辩护意见时，不应再按原审辩护思路从各个角度全面开花，应紧扣原审判决书所认定的事实错误、适用法律错误或程序严重违法等核心关键点发表辩护意见，从而颠覆原审判决书以获得二审改判。

九十九、刑辩律师应在庭后将在公开开庭过程中发表的《辩护词》《质证意见》以及在整个刑事诉讼过程中形成的其他法律文书提供给被告人及其家属，以备他们将来可能存在的申诉、反映情况时使用。同时，刑辩律

师应做好案件档案整理归档工作,以备被告人及其家属择机申请再审。

一百、如果是严重错案、冤案,在不耽误工作和生活的前提下,被告人及其亲属一定要定期或不定期地依法申诉。

案例

律师情怀
LÜSHI QINGHUAI

律师情怀
LüSHI QINGHUAI

案例（一）

一、案例基本信息采集

案例类型：律师诉讼案例

业务类别：刑事辩护

法院判决时间：××××年×月××日

法院名称：某某市中级人民法院

辩护律师姓名：王良其

律师事务所名称：安徽王良其律师事务所

供稿：王良其　安徽王良其律师事务所

审稿：郭爱　安徽王良其律师事务所

检索主题词：职务侵占　挪用资金　股东会决议　股东纠纷　无罪判决

二、案例正文采集

王某生职务侵占、挪用资金案

作者：王良其

【案情简介】

2010年1月8日,北京ZD投资集团有限责任公司(法定代表人王某生,以下简称"ZD公司")、承德天龙建设集团有限公司(法定代表人程W,以下简称"天龙公司")、自然人杨某、胡某达成《四方协议》,就合作开发某某市某"城中村"改造项目共同组建承德颐园府置业有限公司(以下简称"颐园府公司");公司注册资本2000万元。其中,ZD公司出资1457.6万元,占注册资本的72.88%;天龙公司出资400万元(从ZD公司借出资金400万元作为出资),占注册资本的20%;胡某出资102.4万元,占注册资本的5.12%;杨某出资40万元(从ZD公司借出资金40万元作为出资),占注册资本的2%。2010年5月5日,颐园府公司在某某市工商行政管理局办理了注册登记,王某生为颐园府公司法定代表人、董事长兼总经理。

颐园府公司成立之后,程W因与王某生产生经济矛盾,程W遂向某某市某某区公安局举报王某生构成经济犯罪,被某某区公安局立案侦查并移送提起公诉。某某市某某区人民检察院在起诉书中指控,2011年7月13日,王某生利用其担任颐园府公司董事长的职务之便,挪用颐园府公司资金500万元归个人使用;2011年12月9日、2012年1月16日,王某生分两次将500万元归还颐园府公司;2010年11月至2011年12月,王某生利用其担任颐园府公司董事长的职务之便,以虚列员工工资的方式,侵占颐园府公司资金22.5万元。

本案经某某市某某区人民法院一审判决,认定王某生构成职务侵占罪和挪用资金罪,分别判处有期徒刑五年和三年,合并执行有期徒刑六年。王某生不服一审判决提起上诉,并委托本所王良其律师作为二审辩护人出庭辩护。二审公开开庭审理后,某某市中级人民法院裁定撤销原判,发回某某市某某区人民法院重审。发回重审后，某某区人民法院另行组成合议庭并经过公开开庭审理，本所王良其律师接受委托担任王某生的辩护人出庭辩护，但一审判决仍然认定王某生构成挪用资金罪，判处有期徒刑三年。某某区人民检察院对一审判决认定王某生不构成职务侵占罪提起抗诉；王某生对一审判决认定其构成挪用资金罪不服，提起上诉，并委托本所王良其律师作为辩护人担任二审辩护人出庭辩护。本案经过某某市中级人民法院二审再次公开开庭审理，作出撤销一审判决、改判王某生无罪的二审终审判决。

【辩护意见】

我们认为，本案系公司股东间因经济矛盾引发的、被人操控利用并意图侵吞王某生通过投入巨资形成的资产而对王某生进行诬告陷害的恶性案件。本案争议焦点在于：1. 王某生作为颐园府公司董事长兼总经理，根据公司经营需要并按颐园府公司财务流程从公司借支500万元资金，用于购买公司业务用酒的行为到底是正当履行职务行为还是挪用资金行为？ 2. 王某生按颐园府公司章程规定和股东会决议，每月从颐园府公司领取1.5万元款项，是正常的工资收入报酬还是职务侵占行为？

一、王某生因公司经营需要向公司财务出具借条，并按颐园府公司财务流程从公司借支500万元资金用于购买公司业务用酒，是正当的履行职务行为；且王某生因工作需要有权力使用该500万元资金，而不是挪用资金行为；公诉机关没有证据能够证明王某生将该500万元资金归个人使用。

本案中，根据我们提供的颐园府公司第一届股东会第三、九、十次会议决议，结合2011年6月22日《第一届股东会第七次会议纪要》第一条第三项"明确董事长一支笔涉及付款的审批权限"的规定，以及颐园府公

司于 2010 年 7 月 25 日作出的《第一届股东会第三次会议决议》第二条第三项中规定:"王某生负责以公司名义融资 5000 万元,此部分资金成本控制在 15%~20%。"据此,在颐园府公司项目推进中,王某生借支款时给颐园府公司出具的"借款单",以及颐园府公司对于王某生借款所作的财务处理"记账凭证"等证据,均证明该行为属合法、正常的履职行为。王某生借出此笔借款时办理了出具借条的借支手续,该借支手续与公司其他人借支程序相同,并不有别于公司其他高管或其他股东等人的任何一笔借支业务,且此借支行为不违反《公司法》和《颐园府公司章程》,颐园公司财务部门亦未提出任何异议且作了正常的财务记账处理。因此,王某生按颐园府公司财务流程打借条从公司借支 500 万元资金不属于挪用资金行为,而是行使公司赋予他的正常履职行为。

况且,王某生借款 500 万元系购买颐园府公司业务用酒,并非挪用资金归个人使用。本案中,根据我方提供的杰豹快运委托书,颐园府公司《葡萄酒领用登记表》,颐园府公司进口红酒实物及进口红酒库存照片,以及我方提供的出庭证人的证人证言,特别是证人郭某贤在原一审庭审过程中出庭作证情况,以及本案的被害单位颐园府公司出具的《关于王某生情况的说明》等,这些证据均证明王某生借款 500 万元是为颐园府公司购买业务用红酒及发放员工福利。不仅如此,根据颐园府公司出具的说明,颐园府公司实际上已经否认公司在本案中属于"被害人"地位。这也证明王某生借款买酒用于公司业务,该行为对颐园府公司没有利益损害。因此,原一审判决认定王某生挪用 500 万元资金"归个人使用"系无源之水,无本之木。一审判决认定王某生构成挪用资金罪没有达到证据确实、充分并排除合理怀疑这一证据证明标准。

二、王某生按颐园府公司章程规定和股东会决议,每月从公司获得的收入总额应为人民币 5.7 万元,故其每月领取的工资不足部分再按月从颐园府公司领取1.5万元属于其正常工资收入报酬，不构成职务侵占罪。

起诉书指控王某生从颐园府公司领取1.5万元收入，属于"将本单位财物非法占为己有"，但对于王某生每月应得的工资报酬收入总额起诉书并没有明确。该事实是认定王某生每月从颐园府公司领取1.5万元是否构成职务侵占的重要前提事实，但起诉书均没有回答王某生每月应从颐园府公司取得的收入到底是多少。

本案中，根据王某生每月从承颐园府公司或其北京分公司领取2.8万元报酬明细表及"工资发放表"、转账凭证、《第一届股东会第二次会议决议》《第一届股东会第十次会议决议》等相关证据证实：1.颐园府公司每月应付王某生工资总额为人民币5.7万元；2.颐园府公司每月打到王某生工资卡的工资仅为2.8万元，颐园府公司每月再以其他方式向王某生支付1.5万元款项为应付王某生工资的一部分。基于上述事实，我们认为：本案中，王某生从2010年11月至2011年12按月领取1.5万元报酬，并没有超过王某生每月应得报酬5.7万元的工资总额。但起诉书对于王某生每月到底应取得多少工资报酬收入没有去核查，以致本案起诉书在本案"罪与非罪"认定上出现了致命性的错误。客体方面，颐园府公司每月对王某生的应付工资为5.7万元，王某生在其应得报酬总额范围内再按月领取相应款项，没有侵害公司财物的所有权，而是其正当合法收入。

三、程W与王某生之间存在重大经济利益冲突，不仅侦查机关对本案轻率立案，而且原一审法院在本案举报人程W及其安排在颐园府公司担任主办会计的赵某敏等控方关键证人没有出庭作证并接受辩方质证的情况下，草率地采信其全部证言并认定王某生构成犯罪，导致本案一审判决采信了诸多不真实、不合法的证据。

根据颐园府公司出具的《关于程W举报承德颐园府房地产开发有限

责任公司总经理王某生所谓犯罪的情况的说明》证实,本案举报人程W在与王某生的合作过程中,因王某生对程W要求颐园府公司补偿其采石厂近5000万元不合理补偿没有满足;王某生对程W要求1∶1.5的商业门面房安置没有满足,王某生对程W要求ZD公司高价收购天龙公司持有的颐园府公司20%的股权没有满足,程W从而对王某生产生不满。此外,根据颐园府公司股东之间签订的《四方协议》约定,程W不仅未能完成公司项目拆迁任务,还从公司借走1047.3万元资金至今没有归还与核销,在此情况下,王某生作为颐园府公司的实际控制人,通过公司股东会解除了程W的工作职务,程W对王某生更加不满。

程W要求5000万元补偿、借走1047万元公司款额未予以核销、被解除工作职务,特别是要求ZD公司花2372万元的高价收购其持有的颐园府公司20%(出资额仅为人民币400万元)的股权得不到满足等对王某生不满。基于王某生没有满足程W经济要求事实的客观存在,完全证明程W与王某生之间在经济上存重大利益冲突,在其巨额不当要求得不到满足的情形之下,程W完全有诬告陷害王某生的动机。侦查机关在本案中为什么会逆程序而动为本案轻率立案?侦查机关为什么不认真查查本案的来龙去脉?为什么在调取证据、采信证据上"掐头去尾"?

【判决结果】

二审法院裁定,撤销一审判决,发回重审;二审法院判决,撤销一审判决,王某生无罪。

【裁判文书】

某某市中级人民法院针对控辩双方争议的焦点问题,结合本案的事实和证据，综合评判如下：

二审法院认为，依照刑法第二百七十二条的规定，挪用资金罪，是指公司、企业或者其他单位的人员，利用职务上的便利，挪用本单位资金归个人使用或者借贷给他人，数额较大，超过三个月未还，或者虽未超过三个月，但数额较大、进行营利活动的，或者进行非法活动的行为。本案中，公诉机关认定王某生利用职务上的便利，挪用本单位资金归个人使用，因此，以挪用资金罪对王某生提起公诉。公诉机关提供的证据中，只有王某生在公安机关的第一次供述承认借支公司的500万元用于个人使用，除被告人供述外，无其他证据证明，因此，原判决认定王某生挪用资金罪，证据不足。依照《中华人民共和国刑事诉讼法》第一百九十五条第（三）项的规定，证据不足，不能认定被告人有罪的，应当作出证据不足、指控的犯罪不能成立的无罪判决。王某生上诉理由及辩护人的辩护意见成立，二审法院予以支持。

关于原判决未予认定王某生犯职务侵占罪的事实，二审法院认为，王某生所领取的工资总额未超出公司股东会决议的标准。仅仅是领款方式、账务处理违反财经制度。二审法院认为，公诉机关对一审判决未予认定的被告人王某生犯职务侵占罪的判决提出的抗诉，理由不能成立，应予驳回。公诉机关指控被告人王某生犯挪用资金罪的证据不足，不能认定被告人有罪，应当作出证据不足、指控的犯罪不能成立的无罪判决。依照《中华人民共和国刑事诉讼法》第一百九十五条（三）项、第二百二十五条第一款（二）项、第二百三十三条之规定，判决如下：一、驳回某某市某某区人民检察院的抗诉；二、撤销某某市某某区人民法院（2014）某某刑初字第203号刑事判决；三、上诉人（原审被告人）王某生无罪。本判决为终审判决。

【案例评析】

挪用资金罪中,挪用资金归个人使用是构成本罪的必要条件,有没有"挪用资金归个人使用"是本案能否构成犯罪的关键。但在公诉机关提供的证据中,仅有王某生在公安机关的第一次供述承认借支公司的500万元用于个人使用,除被告人供述外,无其他证据证明。因此,二审法院认为原判决认定王某生构成挪用资金罪证据不足。

王某生每月从公司领取1.5万元是职务侵占,还是工资报酬的一部分?王某生每月工资总额到底应该是多少,是判定王某生每月领取1.5万元的行为"罪与非罪"的关键所在。按颐园府公司股东会决议规定,总经理的工资总额应控制在5.7万元以内。因此,王某生每月工资总额限额范围内从公司领取1.5万元完全是其应得的工资报酬收入,其行为不构成职务侵占罪。值得一提的是,我国《公司法》规定股东会是公司的最高权力机构。公司的董事会、经理按照股东会决议从事经营管理。颐园府公司在通过股东会决议确定公司的高管待遇后,作为公司总经理,在不超过股东会决议确定的幅度内领取工资,是执行股东会决议的行为,不是个人侵占行为。

【结语和建议】

在公司管理活动中,司法机关对因公司股东之间经济纠纷引发的刑事案件,一定要认真把好立案关、审查起诉关和裁判关,防止公权力违法介入经济纠纷活动。此外,在对企业负责人采取逮捕等强制措施时,要有充分的事实根据和法律依据,防止因采取强制措施不当严重影响企业经营,甚至使企业倒闭。

司法机关打击犯罪,应该严格坚持"以事实为依据,以法律为准绳",坚持罪刑法定原则,即认定某一行为是否构成犯罪,必须以犯罪构成要件为处断依据。要坚决落实中共中央政法委中政委〔2013〕27号《关于切实防止冤假错案的规定》中"对于定罪证明不足的案件,应当坚持疑罪从无的原则,依法宣告上诉人无罪,不能降格作出'留有余地'的判决"等规定,防止出现冤假错案。

辩护词（一）

致：某某市中级人民法院

审判长、审判员：

根据《刑事诉讼法》的规定，安徽王良其律师事务所接受本案上诉人王某生近亲属的委托，并征得王某生本人的同意，指派我（以下简称"本辩护人"）作为其辩护人参与本案的诉讼活动。通过对本案全部卷宗材料，特别是《起诉书》《一审开庭庭审笔录》以及一审《刑事判决书》的仔细研究，并通过多次会见王某生，加上今天的开庭审理，本辩护人对本案的事实真相和诉讼过程有了更为全面的掌握和深刻的理解。

本辩护人认为，公诉机关指控上诉人王某生构成挪用资金罪、职务侵占罪不仅事实证据不足，而且是一起人为制造的冤案和错案。在一审过程中，本案无论是侦查人员、检察人员还是审判人员均受到严重干扰并放弃了专业判断，未能真正独立办案！

本辩护人特别提请法庭注意的是，本起案件是一起被人操控以利用国家公权力为意图霸占王某生通过投入巨资形成的资产而对王某生进行诬告陷害的恶性案件！

案 例

根据我国司法实践中的案例，诬告陷害案件主要存在以下三大特征：

第一，为了在法律程序上畅通无阻，举报人为其私利往往暗中利用公安、检察院和法院等国家司法机关的力量，通过幕后"操控"；第二，搞"客观归罪"，不问主观动机和目的，通过割裂前后证据之间联系之手段，故意造成当事人在客观表象上"有罪"；第三，罗织罪名，即"沾边"就算犯罪，其目的就是"总有一罪适合你"。本案的起诉意见书有两页之多，特别是对于王某生构成"职务侵占罪"的指控既没有报案人也没有任何报案材料佐证，这就说明办案单位担心前面指控的罪名不成立，而后再人为加一道"保险"。这就是网罗罪名，可见他们对于本案的处理没有"忠实于事实真相"。

本案中，在侦查阶段，侦查机关在侦查过程中违反客观公正的原则，仅仅收集王某生有罪的证据，而不收集无罪方面的证据；在审查起诉阶段，公诉机关割裂了王某生无主观犯意与其客观行为证据之间的联系，并让关键证人不出庭接受辩方质证，并启用没有司法鉴定资质的鉴定人出具18万余元费用性质模糊不清的鉴定意见，造成王某生在客观形式表现为犯罪；在一审审判阶段，一审法院对于公诉机关提供的全部证据均不加鉴别地"照单全收"，在明显达不到证据标准、不能排除合理怀疑的情况下，对王某生构成犯罪以及其与一审辩护律师的辩护意见为何不能成立等也不说明理由，最后作出一份完全"不讲理"的判决书。很显然，稍有刑法常识的人都懂得，一审判决是一份没有忠实于案件事实真相、不顾案件事实证据、不讲犯罪是否构成的枉法裁判。

本辩护人敬请二审法院法官能够明察秋毫，排除干扰，纠正一审的错误判决，将本案办成一件经得起检验的"铁案"，以树立司法机关的公信力。本辩护人再次提醒，不要办错案，不要办冤案，更不要办假案！

一审判决认定："被告人王某生身为公司董事长，利用职务上的便利，

挪用本单位的资金归个人使用，数额巨大，超过三个月未还，其行为已构成挪用资金罪。被告人王某生利用职务上的便利，将本单位财物非法占为己有，数额巨大。其行为已构成职务侵占罪。"本辩护人认为，一审法院认定王某生构成犯罪以及其辩护律师的辩护意见为何不能成立，均未在判决书中说明认定理由。一审判决书是一份不讲法理的判决书。

根据刚才的法庭调查，特别是我方在二审过程中提供的诸多确实充分的新证据，本辩护人认为：一审判决是一个基本事实不清、证据不足的错案和冤案，本案被告人的行为不构成挪用资金罪和职务侵占罪。

一、王某生向公司出具借条，并按颐园府公司财务流程从公司借支500万元资金用于购买公司业务用酒，是一个合法正当的履行职务行为；王某生因工作需要有权力使用该500万元资金，而不是挪用资金行为。

本案中，根据我方提供的颐园府公司第一届股东会第三、九、十次会议决议，结合2011年6月22日《第一届股东会第七次会议纪要》第1条第3项"明确董事长一支笔涉及付款的审批权限"的规定，以及颐园府公司于2010年7月25日作出的《第一届股东会第三次会议决议》第二条第三项中规定："王某生负责以公司名义融资5000万元，此部分资金成本控制在15%-20%。"据此，王某生在颐园府公司项目推进中，王某生借支款时给颐园府公司出具的"借款单"，以及颐园府公司对于王某生借款所作的财务处理"记账凭证"等证据，至少可以证明以下事实：

1. 证明颐园府公司在第一届股东会第三次会议决议第三条第1项中，颐园府公司授权负责项目拆迁人员可以预支项目利润10%的费用；

2. 证明在第一届股东会第九次会议决议中，证明原负责项目拆迁工作人员不再负责项目的拆迁工作，改由王某生负责；

3. 证明在颐园府公司于2010年7月25日作出的《第一届股东会第三

次会议决议》第二条第三项中规定:"王某生负责以公司名义融资 5000 万元,此部分资金成本控制在 15%-20%。"

4. 证明在第一届股东会第十次会议决议第 3 项中,再次确认王某生有权自主决定公司资金调入调出事宜,无须再形成书面文件或征得全体股东一致同意;

5. 证明在第一届股东会第七次会议纪要第 1 条第 3 项中,明确董事长一支笔涉及付款的审批权限(杨某在该次会议上仅仅只是建议"超出 500 万元以上报股东会")。证明王某生为公司业务借支 500 万元并支出无须报股东会或董事会审批;

6. 证明王某生从公司通过正常借支程序打借条从公司借支 500 万元款项用于公司业务支出,不违反《公司法》及颐园府公司章程,也不违反公司股东会决议及财务制度;

7. 证明颐园府公司会计赵某敏就王某生借款 500 万元进行了正常的财务操作,即编制的"记账凭证"并记入公司账务,此举亦证明王某生借款符合公司借款财务程序,且不违反颐园府公司财务制度,更不违反公司法或公司章程。

鉴于上述七个方面客观事实的存在,本辩护人认为:

1. 在客观方面。王某生借支 500 万元时向公司财务出具了"借款单",并通过正常的公司财务会计流程借款 500 万元资金,该行为属合法、正常的履职行为。王某生借出此笔借款时办理了出具借条的借支手续,该借支手续与公司其他人借支程序相同,并不有别于公司其他股东、高管等人的任何一笔借支业务,且此借支行为不违反《公司法》和《颐园府公司章程》,颐园府公司财务部门亦未提出任何异议且作了正常的财务记账处理。因此,王某生按颐园府公司财务流程打借条从公司借支 500 万元资金不属于挪用

资金行为，而是一个正常行使公司赋予他的正常履职行为。本案控方的证人赵某敏即使在证人证言中也一再把王某生的行为描述为是"借款500万元"而不是其他行为。借支款项与挪用资金是罪与非罪两种完全不同性质的行为，其中的区分也并不困难，出具借条并通过公司财务借支款项是合法的行为，况且王某生借款项是为了公司的业务需要，而挪用行为往往是直接"挪"走，而不会走正常的财务手续，且还要千方百计地避开公司财务。

法庭调查还证明，颐园府公司会计赵某敏就王某生借款500万元编制了符合公司财务要求的"记账凭证"，并进行了财务会计记录，证明王某生借款不违反颐园府公司财务制度，更不属于挪用资金。

2. 在客体方面。《公司法》第217条规定："（三）实际控制人，是指虽不是公司股东，但通过投资关系、协议或者其他安排，能够实际支配公司行为的人。"据此，王某生因其持有ZD公司100%的股权，而ZD公司又持有颐园府公司72.88%股份。因此，王某生作为颐园府公司的实际控制人，其运作资金的95%以上均由其筹集和提供。在颐园府公司经营过程中总投资额累计高达人民币214,591,593.20元，目前到期债权仍高达人民币1.64亿元。因此，作为颐园府公司实际控制人的王某生因公司业务需要从颐园府公司借支500万元最后还不上，并不侵害颐园府公司的利益；甚至到最后还不上，其行为也不损害颐园府公司的利益,因为根据《合同法》规定，相互负有的到期债务可以相互抵销。因此，作为持有颐园府公司实际控制人的王某生，在颐园府公司95%以上资金都是其筹集提供的情况下，其因公司业务需要从颐园府公司借支500万元，并不侵害颐园府公司资金使用权，即不具有危害性。法理、情理也很简单：自己不可能故意危害自己。

3. 在主观方面。王某生没有挪用颐园府公司资金的主观故意，更没有挪用资金的动机和目的。因为作为ZD公司的实际控制人的王某生对颐园府公司享有1.64亿元到期债权，根本没有为挪用500万元资金而冒着"犯罪坐牢"风险的必要。王某生若用该笔巨额资金做任何的投资，其收益均会远远超过上述挪用的资金数额。况且，王某生出具借条并通过公司财务借支的行为，足以证明王某生当时的主观心态就是为了从公司借支用于公司支出，而不是挪用或其他。

对王某生是否有罪，我们一定要坚持主客观一致犯罪构成原则，不能不考虑王某生的主观状态，而搞"客观归罪"。

4. 从公诉机关所举证据方面。公诉机关在起诉书中指控王某生"挪用资金归个人使用"的情节，在一审开庭审理过程中没有相应证据来证明，且没有达到证实有"挪用资金归个人使用"的证据证明标准，即没有达到"证据确实充分，排除合理怀疑"的证明标准。本案中仅有王某生从公司借出资金一个环节的资金流向，对后面的环节公诉机关则没有任何证据证明。对于王某生主张的用500万元购买的红酒去向及用途，侦查机关也没有去查或是有意回避。这是本案控方证据链条中的最大漏洞和断裂带之一。所以，公诉机关关于王某生"挪用资金归个人使用"的结论及一审法院关于"挪用本单位的资金归个人使用"的结论是空穴来风、子虚乌有。

二、王某生借款500万元系购买颐园府公司业务用酒，并非挪用资金归个人使用。

本案中，根据我方提供的杰豹快运"委托书"，颐园府公司"葡萄酒领用登记表"，颐园府公司进口红酒实物及进口红酒库存照片，以及我方在一审过程中提供的证人证言并经出庭作证情况，本案至少存在以下事实：其一，证明王某生借款500万元是为颐园府公司购买业务用红酒；其二，证明王某生所购买的进口红酒用于颐园府公司开发项目业务应酬、开拓及发放员工福利；其三，证明在本案中，王某生不存在挪用资金归个人使用

的事实。

此外，本案的被害人——颐园府公司亦出具《关于王某生情况的说明》，证明，王某生借款500万元是为颐园府公司购买业务用红酒及发放员工福利，并不认为王某生是挪用资金归个人使用。根据颐园府公司出具的说明，颐园府公司实际上就是否认已在本案中为被害人地位。这也证明王某生借款买酒用于公司业务，该行为对颐园府公司没有利益损害。

注：关于王某生借款500万元用于公司需要购买红酒后又归还公司500万元的备忘。

2011年年底因公司急需支付项目工程的工人工资和工程款，王某生就因公司所需于2011年12月9日和2012年1月16分两笔归还了公司借款，颐园府公司也接收并使用王某生的还款，支付了相关工人工资和工程款。

备忘：2011年12月9日，王某生还款400万元；

2011年12月15日，颐园府付中外建工人工资300万元；

2012年1月12日，颐园府付中外建工人工资100万元；

2012年1月16日，王某生还款100万元；

2012年1月17日，颐园府付段晓松工程款157万元。

本辩护人提请法庭注意，王某生作为持有颐园府公司72.88%股权的实际控制人和开发商，在其资金、人才、精力等均投入颐园府公司项目，且该项目的开发正处在关键节点的情形之下，其准备花500万元购买红酒，绝不是为了满足个人的饮酒爱好，况且王某生并无饮酒特别爱好。此外，在一审开庭法庭调查过程中，出庭证人都证明了上述红酒的存在及王某生将上述红酒用于颐园府公司业务。因此，一审法院认定王某生挪用500万元资金"归个人使用"的结论根本没有达到"证据确实充分，排除合理怀疑"这一证据证明标准。

三、王某生按颐园府公司章程和股东会决议规定,有权从公司获得的收入总额为人民币 5.7 万元,故其每月工资不足的部分再按月从颐园府公司领取 1.5 万元收入,属于其正常的收入报酬,不构成职务侵占罪。

一审法院认定王某生从颐园府公司领取 1.5 万元收入,属于"将本单位财物非法占为己有",但对于王某生每月应得的工资报酬收入总额一审法院并没有查清,而该事实是认定王某生每月从颐园府公司领取 1.5 万元是否构成职务侵占的重要前提事实,但一审判决没有回答王某生每月应从颐园府公司取得的收入到底是多少钱而且还刻意进行了回避。

本案中,根据王某生每月从颐园府公司或其北京分公司领取 2.8 万报酬明细表及"工资发放表"、转账凭证、《第一届股东会第二次会议决议》《第一届股东会第十次会议决议》等相关证据证实:

1. 颐园府公司每月应付王某生工资总额为人民币 5.7 万元,而且还是税后工资收入;

2. 颐园府公司每月打到王某生工资卡的工资仅为 2.8 万元,而颐园府公司每月再以其他方式向王某生支付人民币 1.5 万元款项为应付王某生工资的一部分;

3. 证明王某生于 2010 年 11 月至 2011 年 12 月每月领取的 1.5 元合计 22.5 万元属于其应得的工资报酬收入,而不属于侵占颐园府公司财物。

基于上述事实,本辩护人认为:

1. 本案的客观方面,王某生作为颐园府公司董事长兼总经理,根据颐园府公司章程、股东会决议等法律文件,王某生有权从公司取得报酬和津贴。根据公司生效的股东会决议等法律文件,王某生每月应领取的报酬工资为 3 万—5 万元,津贴为 7000 元。也就是说,王某生有权每月从颐园府公司领取总额不超过 5.7 万元的报酬,更确切地说,颐园府公司对王某生的

每月应付工资是5.7万元,而且还是税后。本案中,王某生从2010年11月至2011年12按月领取1.5万元报酬,并没有超过王某生每月应得报酬的总额。但起诉书及一审判决书对于王某生每月到底应取得多少工资报酬收入没有查清,以致本案在"罪与非罪"关键问题上出现了致命性的错误。

2.从客体方面,颐园府公司每月对王某生的应付工资为人民币5.7万元,王某生在其应得报酬总额范围内按月领取相应款项,没有侵害公司财物的所有权,而是其正当合法收入。

3.从主观方面。王某生按月等额从公司财务部门领取固定数额应得报酬,没有侵占公司财物的主观故意和目的。

4.至于财务人员虚列员工工资方法为王某生领取个人应得报酬,只是方式欠妥,充其量只能说明违反公司财务制度,而不是其他。

注:张某是现在的颐园府公司总经理,但是工商登记上面一直是王某生,庭审中需要说明王某生在案发前是公司总经理并主持工作。

四、本案在侦查过程中程序违法:职务侵占罪没有报案人和报案材料;对王某生职务侵占的《立案决定书》《调取证据通知书》《移送起诉书》居然都是在2012年4月9日同一天完成;对吴某等三名证人的询问在同一时空完成;进行违法会计司法鉴定等。

1.本案王某生所涉职务侵占罪没人报案,也没有报案材料,因此该案是人为制造的假案。根据2012年3月29日《接受刑事案件登记表》(侦查卷一册第一页),结合《刑事诉讼法》第109条"报案、控告、举报可以用书面或者口头提出。接受口头报案、控告、举报的工作人员,应当写成笔录,经宣读无误后,由报案人、控告人、举报人签名或者盖章"规定,本案应有程W提交的报案材料或举报笔录,但本案卷宗材料中没有报案人程W提交的任何报案笔录或报案材料,因此,本辩护人不知道侦查机关是根据什么对本案进行立案的。

2. 不仅如此，本案卷宗内的《某某市公安局某某分局立案决定书》《某某区公安分局移送起诉书》《某某市公安局某某分局调取证据通知书》及证据清单（侦查卷一册第2—4页）显示的时间均为2012年4月9日同一天。因此，本辩护人有理由认为，本案王某生涉嫌职务侵占案是人为制造的假案！

3. 一审法院在挪用资金罪中认定的公诉方证据居然还包括侦查机关于2012年2月28日"同一时空"为吴某、朱某彦、汪某燕三人作的证言，一审庭审中王某生的辩护人已明确提出三份证言是相同时间由同一组询问人员询问不同证人取得的违法证据，公诉人亦表示承认证据瑕疵并表示可通知询问人员到庭补正或作出合理解释。但一审法院无视该一组证言的致命性程序瑕疵，直接认定了瑕疵证据。（《询问笔录》（吴某第1次）、《询问笔录》（朱某彦第1次）、《询问笔录》（汪某燕第1次），侦查卷宗第一册第27—40页，成立时间为：2012年2月28日9:38—14:40,2012年2月28日11:31—14:40；2012年2月28日11:14—11:48。以上笔录的询问人员均为商某涛和李某卫。而同样的侦查人员在同样的时间里对不同证人进行询问，在客观上是实现不了的，侦查机关的此三份笔录客观上是不能完成的）。

4.《某某区公安分局移送起诉书》【某某经诉字（2012）第017号】、《某某区公安分局移送起诉书》【某某经诉字（2012）第009号】、某某公刑聘字【2012】07号《鉴定聘请书》，成立时间为2012年3月31日、2012年4月9日、2012年5月22日，而某某检技发（2012）第15号《司法会计检验报告》作出的时间却在之后的2012年7月3日。也就是说，本案侦查机关先将王某生涉嫌挪用资金罪和职务侵占罪侦查终结并向检察机

关移送起,后再针对王某生涉嫌挪用资金罪、职务侵占罪进行司法会计鉴定。如此程序逆向,属于程序违法。

此外,本案中的司法会计鉴定既不符合《刑事诉讼法》,亦不符合《人民检察院刑事诉讼规则(试行)》。某某公刑聘字【2012】07号《鉴定聘请书》中前没有明确鉴定机构为"某某省某某市人民检察院",本辩护人不知道某某市人民检察院凭什么担任本案的鉴定机构?与此同时,《司法会计检验报告》附件中也没有提交鉴定机构等资质证明;鉴定机构亦未在检验报告中签章,仅有检察院的签章;鉴定结果没有依法告知被告人。本辩护人不知道凭什么作出这份所谓的"司法会计检验报告"?

所以,本案中的《司法会计鉴定报告》不具有合法性和真实性,不能作为定案证据。

五、程W与王某生之间存在重大利益冲突和个人恩怨,不仅侦查机关对本案轻率立案,而且一审法院在本案举报人程W及其安排在颐园府公司担任主办会计的赵某敏等控方关键证人没有出庭作证并接受辩方质证的情况下,草率地采信其全部证言并认定王某生构成犯罪,导致本案一审采信了诸多不合法、不客观的证据。

在刚才的法庭调查过程中,根据颐园府公司出具的《关于程W举报承德颐园府房地产开发有限责任公司总经理王某生所谓犯罪的情况的说明》证实,本案的举报人及证人程W在与王某生的合作过程中,因王某生对其要求的颐园府公司补偿其采石厂近5000万元不合理提议加上1∶1.5的商业门面房安置、要求王某生实际控制的ZD公司高价收购其所属天龙集团公司持有的颐园府公司20%的股权等重大经济私利不予满足而对王某生怀恨在心。此外,根据颐园府公司股东之间签订的《四方协议》约定,程W不仅未能完成公司项目拆迁任务,还从公司借走1047.3万元资金至今没有归还与核销，在此情况下，王某生作为 ZD 公司的实际控制人，在公司股东会上解除了程 W 的工作职务，程 W 对王某生更加怀恨在心。不仅如此，程 W 实际控制的天龙公司也正在向某某市中级人民法院提起诉讼，要求解散颐园府公司，该案正在诉讼过程当中。程 W 要求 5000 万元补偿、借走 1047 万元公司款额未予以核销、被解除工作职务，特别是要求 ZD 公司花 2372 万元的高价收购其持有的颐园府公司 20%（出资额仅为人民币 400 万元）的股权得不到满足等四件事而对王某生产生怀恨之心。以上四件不能满足程 W 私利的事情的客观存在，完全证明程 W 与王某生之间在经济上存在"生死攸关"的重大利益冲突，在其巨额不正当要求得不到满足的情形之下，程 W 完全有诬告陷害王某生的动机。侦查机关在本案中为什么会逆程序而动为本案轻率立案？公检法三家办案机关为什么不认真查查本案的来龙去脉？为什么在调取证据、采信证据上"掐头去尾"？

很显然，程 W 作为天龙公司的实际控制人，在王某生已归还全部借款之后仍然举报王某生犯罪，存在其不可告人的动机和目的。程 W 是本案的举报人和启动者，还是本案的关键证人，而向程 W 透露王某生"挪用"消息的是程 W 安排在颐园府公司的财务会计赵某敏，而赵某敏在本案中也是控方的关键证人。在此情况下，程 W、赵某敏作为本案控方的关键证人在一审过程中依法应当出庭作证，并接受辩方的质证，以审查其证人证言的真实性。但这些控方的关键证人均未出庭作证。

不仅如此，一审法院在职务侵占罪中认定的公诉方证据包括司法会计检验报告。在本案中一审辩护律师已明确提出，检验报告系没有提供合法资质的鉴定机构出具，鉴定人也没有出庭接受质证，鉴定人仅根据 14 份没有王某生签字或字样的工资表和对应凭证，并超出鉴定人的权限职责范围作出臆造性结论：

1. 第 3 页关于工资部分结论是"王某生指使颐园府公司财务人员赵某敏、朱某彦、汪某燕每月虚列员工工资 1.5 万元";

2. 第 5 页"颐园府公司财务账上从 2010 年 11 月至 2011 年 12 月虚列员工工资 22.5 万元。此笔款项全部由王某生从财务领走现金"。

以上关于是否是受"王某生指使"或"此笔款项全部由王某生从财务领走的结论",本辩护人认为不应当由鉴定人凭主观臆断作出,也不属于其应有的专业知识范围。与此同时,鉴定人将公司其他人员及王某生正常报销的公司公务费用支出 18.30279 万余元弄得性质模糊不清,让人搞不清楚到底是正常的公司费用报销,还是王某生的"股东津贴",造成王某生在客观形式表现为犯罪。很显然,这份不合法的虚假鉴定意见,还应当被法院再"鉴定"其真伪!基于此,在本案中没有合法资质的鉴定机构和鉴定人没有出庭接受质证,而一审判决对于公诉机关所举证据"照单全收"似的证据认定,不可能不出现判决错误。

某某市检技发(2012)第 15 号《司法会计检验报告》中关于王某生从 2010 年 6 月至 2011 年 12 月在颐园府公司报销合计 18.302794 万元款项系王某生为颐园府公司的公务性支出费用,不属于王某生津贴报酬范围。

六、一审判决的错误,在于本案被害单位——颐园府公司,一直不认为王某生挪用了其资金和侵占了其财物,并为王某生的冤屈向省委、政法委、省高级人民法院及某某市的相关部门和领导所反映,这也印证了一审判决的错误。

本案中,王某生被关押后,颐园府公司向某某省委、政法委、某某省高级人民法院、某某省检察院、某某省公安厅发出的《某某市颐园府房地产开发有限责任公司关于本公司法定代表人即外来投资者王某生在某某市遭人陷害被控"挪用资金"和"职务侵占"身陷囹圄的情况反映》。这一事实证明：其一，证明颐园府公司在本案中并不认为自己是"被害单位"，更不认为某某市某某区的相关办案单位是在维护其公司权利；其二，证明颐园府公司在本案中不认为王某生按月领取 1.5 万元系侵占公司财物，也不认为在本案中王某生从公司借款 500 万元系挪用资金；其三，证明颐园府公司认为王某生因本案身陷囹圄是遭人陷害；其四，证明本案的处理，对颐园府公司城中村改造项目及回迁户安置都将产生重大不利影响及严重不利后果。

法庭调查证明，本案中的被害单位——颐园府公司一直不认为自己是被害单位，并且还为王某生的冤屈奔走呐喊。所以一审判决是一份错误的判决。

相反，由于王某生的被逮捕、被判刑，导致该公司开发项目停顿，公司反而走向绝境。很显然，一审判决不仅事实不清、证据不足，而且社会效果是极其负面的，并会导致近一千多户居民的回迁安置希望落空。

七、一审判决结果严重损害当地政府形象，并不利于某某市招商引资。

王某生作为 ZD 公司的实际控制人，从北京带来 2 亿多元人民币的资金并设立颐园府项目公司（表面上程 W 控制的天龙公司持股权 20%，实际上该出资也是向王某生控制的 ZD 公司借的），参与某某市某某区的城中村改造项目，除王某生实际控制的 ZD 公司在颐园府公司外，包括程 W 实际控制的天龙公司在内等其他小股东均从颐园府公司"借支"了当初的出资额。可以说，除股东胡某尚有 204.8 万元款项外，颐园府公司现在全部运营资金都是王某生带来的，因此王某生对某某市当地的贡献是不言自喻的。但好景不长，因当地政府部门怠于办理相关施工手续，导致颐园府公司在开发过程中不仅被政府部门科以重罚，而且其重金投入开发的项目 B1 区在建项目被某某区政府无偿没收。还有，王某生在本案取保候审期间交纳的 20 万

元取保候审保证金亦被一审侦查机关没收。此外，王某生现既面临其投入巨资的颐园府公司被解散的诉讼，又面临着牢狱之灾。不仅冤屈，而且也到了人生最低谷。这也是王某生来某某市投资前万万没有想到的！

程W与王某生在合作过程中产生重大经济利益冲突，双方显然已产生"不可调和"的矛盾，这是很显而易见的客观事实，程W不仅通过刑事而且还通过滥用民事诉讼等各种手段诬告陷害王某生及希望搞垮颐园府公司，而一审公检法机关在本案中亦成为作为小股东程W为攫取大股东利益不成后挟私报复工具。

一审判决结果，对于某某市来说，不仅让颐园府公司王某生实际控制的ZD公司会产生犹豫而不敢贸然进一步追加投资，同时也让项目中广大拆迁户回到家园住上新房的希望变得遥遥无期。

本辩护人认为，如果法院在本案中坚持勉强认定王某生等人构成犯罪并维持原判，那么可以大胆预测，本案在不久的将来一定会被人纠错！

中央政法委中政委【2013】27号《关于切实防止冤假错案的规定》指出："对于定罪证明不足的案件，应当坚持疑罪从无的原则，依法宣告被告人无罪，不能降格作出'留有余地'的判决"，"法官、检察官、人民警察在职责范围内对办案质量终身负责"。基于此，本辩护人提请二审法官明察秋毫，不要办错案，不要办冤案，更不要办假案，以免判错案而给企业、给当地、给社会带来严重的负面影响。如果本案的错误判决得不到及时纠正，本辩护人也可大胆地预测，一定会有人为本案的错误"买单"！

综上所述，我们认为没有证据能够证明被告人王某生构成犯罪，一审判决是人为制造的冤案和错案。因此，这是一起非常明显的、很典型的错案，是举报人通过各种关系对王某生诬告陷害的产物和结果。在此情况下如坚持认定王某生等人构成犯罪，并对其判处刑罚让其身陷囹圄，这不仅是对我国公民权利的恶意践踏，而且是对我国法治建设的严重破坏，此做法亦和我国建立法治国家的目标发生严重分歧。为此，本辩护人提请法庭依据《刑事诉讼法》第一百六十二条第三项"证据不足，不能认定被告人有罪的，应当作出证据不足、指控的犯罪不能成立的无罪判决"，宣告王某生无罪，以恢复人民法院的公信力。

以上辩护意见敬请合议庭采纳。谢谢！

辩护人：安徽王良其律师事务所
王良其 律师
××××年×月××日

案例（二）

一、案例基本信息采集

案例类型：律师诉讼案例

业务类别：刑事辩护

法院判决时间：××××年×月××日

法院名称：某某市中级人民法院

辩护律师姓名：王良其

律师事务所名称：安徽王良其律师事务所

供稿：王良其 安徽王良其律师事务所

二、案例正文采集

刘某武强奸案

作者：王良其

案　例

【案情简介】

2006年11月起，被告人刘某武至案发地任（挂职）某某县红某村党支部第一书记。2008年3月27日因涉嫌强奸罪被某某县公安局刑事拘留，并由某某县人民检察院于2009年3月25日提起公诉。起诉书称"经依法审查查明：2007年11月22日下午，被告人刘某武打电话将某某县红某村小学六年级学生李某翠（女，1993年6月出生）骗至红某小学校内，以拖拽硬拉的方式将被害人李某翠拖至其在校内的宿舍实施强奸时，因李某翠的反抗而未能得逞。此后一两个星期的一天早上，被告人刘某武以拖拽硬拉的方式将李某翠从红某小学六年级的教室拖到其在校内的宿舍进行强奸。又过了一两个星期的一天早上，被告人刘某武以同样的方式将李某翠拖至其在红某村办公室的宿舍内，将李某翠强奸。

本案经某某县人民法院一审判决，认定刘某武构成强奸罪，判处有期徒刑三年零六个月。刘某武不服一审判决提起上诉，并委托王良其律师作为二审辩护人出庭辩护。二审不公开开庭审理后，裁定撤销原判，发回某某县人民法院重审。在发回重审过程中，公诉机关撤回了对刘某武的起诉。2009年2月25日，某某县人民检察院再次对刘某武提起公诉，后某某县人民法院另行组成合议庭并进行不公开开庭审理，王良其律师接受委托担任刘某武的辩护人出庭辩护，但一审判决仍然认定刘某武构成强奸罪，判处有期徒刑三年。刘某武不服认定其构成强奸罪的判决，提出上诉，王良其律师接受委托担任刘某武的辩护人出庭辩护。本案经过某某市中级人民法院不公开开庭审理后，作出撤销一审判决、改判刘某武无罪的终审判决。

【辩护意见】

我们认为，本案是一起非常明显的冤案、错案，没有证据能够证明被告人刘某武实施了强奸行为，原审法院在此情况下认定刘某武构成犯罪是对被告人也是对当事人极其不负责任的错误认定。

一、公诉人在一审法庭辩论过程中,已经认为本案"没有直接证据、没有物证、刘某武拒不认罪",因此一审法院在没有事实根据的情况下,认定刘某武构成强奸罪是为了帮助侦查机关、公诉机关逃避应承担的冤案、错案责任。

本案发回重审后,公诉机关先行撤诉,再另行起诉。在另行起诉后的2009年4月21日一审开庭审理过程中,公诉人在发表第二轮法庭辩论意见时曾经说:"由于本案的特殊性,不可能有直接证据,也不可能有物证,同时刘某武又拒不认罪。"在此情况下,本辩护人试问,一审法院认定刘某武构成强奸罪并判处刑罚的事实根据是什么?其依赖的证据又是什么?

事实上,在等待一审法院作出判决的过程中,根据我们的了解和刘某武妻子的了解,公诉机关在撤诉后,侦查机关与公诉机关相互推诿,均不愿承担错案责任,导致公诉机关再行起诉。此间,某某县政法委多次反复协调,便形成了如今的一审判决结果。我们认为,一审法院的判决结果无论是对司法还是对刘某武都是不负责的。

二、本案没有证据证明发生了强奸案件。

《起诉书》指控,"本院认为,被告人刘某武采用暴力、胁迫手段,强行与她发生性关系,其行为已触犯《中华人民共和国刑法》第二百三十六条的规定,犯罪事实清楚,证据确实充分……"但根据刚才法庭调查的结果来看,我们不难得出,起诉书对刘某武构成强奸罪所进行的证据认定,仍然完全是依据被害人李某翠自己一个人的陈述,即所有的证人证言均出自被害人李某翠一个人之口。这就是说李某翠的陈述是否真实可信,是靠自己的另一次"陈述"来证明的,通俗地说就是"用自己来证明自己"是正确的。这在逻辑上是否有点荒诞？况且，本案卷宗内并无李某翠的日记在案。

事实上，从卷宗材料来看，李某翠写给其班主任吴某立的信只是称其被刘某武"亲"了一下；向其同学李某梅、李某香告诉时，也是对她们说"刘某武的怀抱很温暖""我对刘某武有好感，老在想他和我讲过的甜言蜜语"之类感情倾诉话语，而并无起诉书所指控的强奸一说。而且李某翠本人的陈述也是前后矛盾，并不能自圆其说，甚至发生数次强奸还说不出刘某武的身体特征或衣服特征。更重要的是，作为一个性暴力犯罪，本案所有的指控证据中，没有任何一件物证或书证能够直接印证李某翠的陈述。因此，我们可以得出这样的结论：本案并没有任何查证属实的证据能够证明真的发生了所谓的强奸案件。

此外，我们不知道李某翠写信给其班主任吴某立的目的是什么。报案？很显然不是，因为李某翠明确要求吴某立保密，不能对任何人说。是"备案"？防止以后万一？如果是这样的话，则说明李某翠很有心计。

三、本案没有证据证明被告人刘某武实施了强奸行为。

通过阅读本案卷宗相关被害人陈述和其他证人《询问笔录》，我们发现以下很值得我们思考的事实：

1. 被害人李某翠在 2008 年 3 月 25 日的《报案材料》中称"我是一个不懂事的女孩，听尽了张书记的花言巧语，使我相信了他……你们想想，是他欺骗我，利用我的感情，伤害我一生的幸福"。

2.2008 年 3 月 26 日公安机关对被害人李某翠的《询问笔录》中，问："在刘某武和你最后一次发生性关系后，为何你自己去了他的宿舍？"李答："我不知道为什么，因为第一次发生性关系后，我开始对他有好感了……我和她们讲过，刘某武的怀抱很温暖，而且我也和李某梅、李某香她们讲我对刘某武有好感……我就老在想他和我讲过的甜言蜜语，才慢慢地对他有好感的。"

3.2008年3月28日公安机关对被害人李某翠的《询问笔录》中，李答："前一天和我妈妈吵架了，我生气就早上四、五点钟到学校了，……我一直想告刘某武，但有时候想到他讲的笑话，我就不忍心告他。一开始刘某武讲让我做他的老婆，后来李某老师和我讲刘某武是有老婆的人，他是披着羊皮的狼，讲的话都不能信，所以我才要告刘某武的。"

4.2008年4月7日检察机关对李某翠的《询问笔录》中，问："既然讲刘某武强暴你，为什么对他还有好感？"李答："他住我们学校，学生经常去他那玩，觉得他很有意思……"问："今年春节后，你是否多次给刘某武打电话？"答："是的，他不接。"问："打电话干什么？"李答："问他到底对我是真心还是假心。"

5.2008年5月22日检察机关对李某翠的《询问笔录》中，问："你为什么先打刘某武的手机电话？"谢答："我是打着玩，骚扰电话，我打电话就把电话挂了。"问："你怎么知道刘某武的手机号码的？"李答："是李某香跟我讲的。"

此外，我们还发现以下很值得我们去深思的事实。第一，自从李某翠与刘某武接触后，立即改变了以往与其他同学一道上学的习惯，并时常大清晨去学校上学，这是否意味着李某翠为了想单独会见刘某武呢？第二、刘某武为什么能顺利地多次"强奸"李某翠，这里面是否有某种"顺其自然"的规律呢？第三，被害人李某翠与刘某武之间为什么有那么多的通话记录呢？这是强奸犯与被害人之间的通话吗？他们在交流什么呢？第四，被害人李某翠在得知刘某武要走了，为什么就"不想活了"并且要告刘某武？这是不是爱情无果、由爱生恨呢？

因此，我们认为，本案没有证据能够证明被告人刘某武实施了强奸行为。

四、《起诉书》指控被告人刘某武构成强奸罪属冤案、错案；一个没有具体作案时间的强奸行为，能认定构成强奸罪吗？

本案在案发之前，刘某武在红某村挂职任党支部第一书记，而本案的关键证人李某老师的父亲李某江也是该村的书记。据红某村众多村民出具的《陈情书》反映，张、李二人在工作配合过程中有较深的矛盾和经济利益冲突。本案在李某江之女李某老师介入后，迅速转化为刑事案件。李某不仅要求被害人李某翠上告，还称刘某武是"披着羊皮的狼"，并对被害人李某翠说"刘某武是在欺骗你！""他是有老婆的人"等。试想，假如李某翠对刘某武"一往情深"，在听到李某老师的一番话后，肯定内心会做出剧烈的反映。此外，如果李某老师真的是为了伸张正义，应当要求李某翠向公安机关报案，因为作为教师应懂得向公安机关报案，而不是向村里干部李某月报案。但李某老师为什么要求被害人李某翠向村里干部李某月报案？这是不是在利用李某翠挟私报复？而事实上村里干部接到李某翠的报案后，在村里干部的"努力"下，刘某武的命运急转直下，在一番"是公了、还是私了"无效后，立即迅速转化为刑事案件，刘某武身陷囹圄。很显然，这里不能排除李某翠控告刘某武强奸是受他人恶意指使。

不仅如此，起诉书在指控刘某武构成强奸时，不仅证据不足，而且也明显存在严重的事实不清："经依法审理查明……此后一两个星期的一天早上，被告人刘某武以拖拽硬拉的方式将李某翠从红某小学六年级的教室拖到其校内宿舍将其强奸。又过了一两个星期后的一天早上，被告人刘某武以同样的方式将李某翠拖至其在红某村办公室的宿舍内，将李某翠强奸"。很显然，起诉书关于刘某武实施强奸行为发生的时间都没有搞清楚。起诉

书在这里用了一个时间跨度非常之大而且非常不确定的"一两个星期后的一天早上"。这种对具体行为的描述方式,给人感觉是在说故事,而不是在认定犯罪行为事实。况且,起诉书存在这种对具体犯罪行为不确定的描述方式,本身就是证据不足和事实不清。

很显然,起诉书关于刘某武犯有强奸罪的认定,是建立在被害人李某翠一个人陈述的基础上作出的,其间并无其他证据印证。我们认为,被害人李某翠的陈述在无其他证据能够印证的情况下,在本案中充其量也只是一份没有客观证据印证的言词孤证。因此,我们认为起诉书对于刘某武构成强奸罪的指控是一份危险的错误指控,因为只要李某翠一个人推翻其陈述,该指控就会变成空中楼阁。

五、本案审理过程中,被害人及全部证人均未出庭作证和质证,此类言词证据无法查证,依法不应作为定案证据。

《刑事诉讼法》第四十二条规定"证据必须查证属实,才能作为定案的根据";第四十七条规定"证人证言必须在法庭上经过公诉人、被害人和被告人、辩护人双方讯问、质证,听取各方证人证言并经过查证属实后,才能作为定案的根据。"但本案在审理过程中,被害人、全部证人均未出庭接受质证,故上述言词证据无法查证,因此上述言词证据不能作为本案的定案根据。值得注意的是,我们至今没有见到被害人李某翠,合议庭组成人员也没有见过被害人李某翠。本辩护人不禁要问:本案中的被害人在哪里?李某翠在哪里?本案是否真的有被害人存在?

六、公诉机关撤回对刘某武的起诉后,又重新提起公诉没有事实和法律依据。

《人民检察院刑事诉讼规则》第三百五十一条规定,"在人民法院宣告判决前",只有发现"不存在犯罪事实、犯罪事实并非被告人所为或者不应当追究被告人刑事责任的，可以要求撤回起诉"。也就是说，本案公诉机关撤回对刘某武的起诉后，应当是基于发现刘某武不存在犯罪事实、或者是犯罪事实并非刘某武所为或者不应当追究刘某武刑事责任的情况下依法作出的。因此，公诉机关理应依法释放刘某武。如果公诉机关想要重新再起诉刘某武，根据《人民检察院刑事诉讼规则》第三百五十三条"撤回起诉后，没有新的事实或新的证据不得再行起诉"之规定，公诉机关必须满足有新的犯罪事实或新的证据条件。

然而，本辩护人通过公诉机关新提交的证据目录和相关内容，我们并没有发现刘某武有新的犯罪事实，或者存在能够证明刘某武构成犯罪的新证据。因为证人中的方某某、丁某某、谢某某她们在过去已经作过证言，她们不是新的证人，且她们在《询问笔录》中所作的证言并不构成刘某武构成犯罪的支撑证据；证人王某某的证言、某市公安局龙山派出所出具的李某翠下落不明的《证明》、某某县公安局刑侦大队出具的有关在侦查中相关情况需要说明的《情况说明》，这些证据的证明对象和内容对认定刘某武构成犯罪亦无任何帮助或实际意义。相反，通过上述这些所谓的证人证言等证据来看，他们反过来不仅证明刘某武不构成犯罪，而且进一步证明本案公诉机关在撤诉后又行起诉是严重的程序违法。因此，本案公诉机关在撤诉后又行起诉没有事实和法律依据。

综上所述，我们认为没有证据能够证明被告人刘某武实施了强奸行为，也不存在所谓被害人。因此这是一起非常明显的冤案、错案。在此情况下如坚持认定刘某武构成严重的性犯罪——强奸罪，并对其判处刑罚让其身陷囹圄，这对于刘某武及其家庭来说，不仅是绝对地让其"毁灭"，同时也是对司法极不负责任。为此，本辩护人提请法庭依据《刑事诉讼法》第一百六十二条第三项"证据不足，不能认定被告人有罪的，应当作出证据

不足、指控的犯罪不能成立的无罪判决"规定,依法撤销一审判决,并宣告刘某武无罪。

【判决结果】

某某市中级人民法院针对控辩双方争议的焦点,结合本案的事实和证据,经审判委员会讨论决定,作出撤销某某县人民法院"(2009)某某刑初字第119号"《刑事判决书》,改判上诉人(原审被告人)刘某武无罪的终审判决。

【裁判文书】

本院认为,原审法院认定上诉人刘某武构成强奸罪的主要证据是被害人李某翠的陈述,其他相关证据基本为来源于李某翠的传来证据。且李某翠关于刘某武强奸经过部分陈述内容不稳定,与其他证据之间存在的矛盾未能合理排除。故本案证据不足,指控的罪名不能成立,不能认定上诉人刘某武构成强奸罪。上诉人及其辩护人的主要辩护意见成立,本院予以采纳。经本院审判委员会讨论决定,依照《中华人民共和国刑事诉讼法》第一百八十九条第(三)项、第一百六十二条第(三)项之规定,判决如下:

一、撤销某某县人民法院(2009)某某刑初字第119号刑事判决;

二、上诉人(原审被告人)刘某武无罪。

本判决为终审判决。

【案例评析】

在刑事诉讼过程中,证据是进行刑事诉讼活动的根据,是证明犯罪事实的唯一手段,是司法公正的基础,是促使犯罪人认罪的武器,也是进行社会主义法制教育的工具。判断证据，认定案件事实，必须遵循重证据，不轻信口供的原则。只有被告人供述，没有其他证据的，不能认定被告人有罪；没有被告人供述，证据充分确实的，可以认定被告人有罪。证据确实充分，即不仅每个证据是确实的，而且在数量上要足以证实被告人有罪，而能排除任何其他的可能性。在侦查、审理中，如果最后仍收集不到充分的证据证实被告人有罪，就应以无罪论处。

在本案中，作为一个性暴力犯罪，起诉书对刘某武构成强奸罪所进行的证据认定，完全是依据被害人李某翠一个人的陈述，所有的证人证言均出自被害人李某翠一个人之口，而本案所有的指控证据中，没有任何一件物证或书证能够直接或间接印证李某翠的陈述。故本案证据不足，指控的罪名不能成立，不能认定上诉人刘某武构成强奸罪。

【结语和建议】

坚持全面依法治国，深化依法治国实践，必须坚持厉行法治，推进科学立法、严格执法、公正司法、全民守法。司法公正是司法活动的一项基本原则，司法机关在办理案件的过程中既要保证程序公正，也要坚持实体公正。

联系本案，刑事案件都是发生在过去的事实，司法人员不可能直接去感知，只能通过各种证据去间接地认识。证据是法官在司法裁判中认定过去发生事实存在的重要根据，在任何一起案件的审判过程中，都需要通过证据和证据形成的证据链还原事件的本来面目。但是，由于多种因素的影响和限制，办案人员的这种认识很难保证百分之百的准确。因此，无论是侦查人员、预审人员，也无论是检察人员还是审判人员，他们就案件事实所做出的决定都难免出现误差。但发现误差后不可将错就错，司法机关在

办理任何案件的过程中都应当严格依照法定程序,依法办事,不可"错放",更不可"错判"。

另外,公安机关、检察院、法院在办理案件的过程中都应本着实事求是的精神,不应过分考虑案件以外的其他因素,严格依法办事,这样才能更好地实现司法正义!

案 例

辩 护 词（二）

致：某某市中级人民法院
审判长、审判员：

根据《刑事诉讼法》的规定，安徽王良其律师事务所接受本案被告人刘某武近亲属的委托，并征得被告人刘某武本人的同意，指派我们作为其二审辩护人参与案件的诉讼活动。

在 2008 年 11 月 21 日本案被某某市中级人民法院发回重审之前，我们曾参加了本案的二审诉讼活动；在 2009 年 2 月 19 日公诉机关撤诉之前，我们又参加了本案发回重审后的一审诉讼活动；在公诉机关撤诉之后，我们又参加了 2009 年 4 月 21 日的庭审。在上述三次庭审辩护过程中，我们认真查阅了本案的全部案卷材料，研究了有关证据，依法会见了被告人，对案件的事实有了更为全面的掌握和认知。令人欣慰的是，原来二审法院曾采纳了我们的对案件事实认定的辩护意见，亦认为本案基本事实不清，虽然没有直接宣告刘某武无罪，却将本案发回重审。在发回重审过程中，公诉机关一开始亦能实事求是，撤回了对刘某武的起诉。但令人遗憾的是，公诉机关为了不承担办错案的责任，于 2009 年 2 月 25 日对刘某武再行起诉，

同时原一审法院在没有证据的情况下,过分考虑案件以外的事情,不顾案件的基本事实,仍然对刘某武进行有罪认定并判处刑罚。

本辩护人认为,一审法院认定刘某武构成强奸罪仍然事实不清,证据不足,并属冤案、错案。

一、公诉人在一审法庭辩论过程中,已经承认本案"没有直接证据、没有物证、刘某武拒不认罪",因此,一审法院在没有事实根据的情况下认定刘某武构成强奸罪,是为了帮助侦查机关、公诉机关逃避应承担的冤案和错案责任。

本案发回重审后,公诉机关先行撤诉,再另行起诉。在另行起诉后的2009年4月21日一审开庭审理过程中,公诉人在发表第二轮法庭辩论意见时曾经说:"由于本案的特殊性,不可能有直接证据,也不可能有物证,同时刘某武又拒不认罪。"在此情况下,试问,一审法院认定刘某武构成强奸罪并判处刑罚的事实根据是什么?其依赖的证据又是什么?

事实上,在等待一审法院作出判决的过程中,根据我们的了解和刘某武妻子的了解,公诉机关在撤诉后,侦查机关与公诉机关相互推诿,均不愿承担错案责任,导致公诉机关再行起诉。其间,某某县政法委多次反复协调,便形成了如今的一审判决结果。我们认为,一审法院的判决结果无论是对司法、还是对刘某武都是极其不负责的。

二、本案没有证据证明发生了强奸案件。

《起诉书》指控,"本院认为,被告人刘某武采用暴力、胁迫手段,强行与他人发生性关系,其行为已触犯《中华人民共和国刑法》第二百三十六条的规定,犯罪事实清楚,证据确实充分……"但根据公诉机关提供的"证据"来看,我们不难得出,起诉书对刘某武构成强奸罪所进行的证据认定,事实上完全依赖被害人李某翠自己一个人的陈述,所有的证人证言也均出自被害人李某翠一个人之口。这就是说，被害人李某翠的陈述是否真实可信，是靠自己的另一次"陈述"来证明的，通俗地说，就是"用自己来证明自己"是正确的。我们认为，这在逻辑上是很荒诞的。此外，本案卷宗内并无李某翠的日记在卷。

事实上，从卷宗材料上来看，李某翠写给其班主任吴某立的信只是称其被刘某武"亲"了一下；向其同学李某梅、李某香告诉时，也是对她们说"刘某武的怀抱很温暖""我对刘某武有好感，老在想他和我讲过的甜言蜜语"之类感情倾诉话语，而并无起诉书所指控的"强奸"一说。而且李某翠本人的陈述也是前后矛盾，并不能自圆其说，甚至发生数次"强奸"还说不出刘某武的身体特征或衣服特征。更重要的是，作为一个性暴力犯罪，本案所有的指控证据中，没有任何一件物证或书证能够直接或间接印证李某翠的陈述。因此，我们得出这样的结论：本案并没有任何查证属实的证据能够证明真的发生了所谓的强奸案件。

此外，我们不知道李某翠写信给其班主任王某立的目的是什么。报案？很显然不是，因为李某翠明确要求吴某立保密，不能对任何人说；是"备案"，防止以后万一？如果是这样的话，则说明李某翠很有心计。

试问，假如在日后的某一天，李某翠后悔控告刘某武，那么起诉书所指控的"强奸"事实还能站得住脚吗？

三、本案没有证据证明被告人刘某武实施了强奸行为。

通过阅读本案卷宗相关被害人陈述和其他证人《询问笔录》，我们发现以下很值得我们思考的事实：

1. 被害人李某翠在 2008 年 3 月 25 日的《报案材料》中称"我是一个不懂事的女孩，听尽了张书记的花言巧语，使我相信了他……你们想想，是他欺骗我，利用我的感情，伤害我一生的幸福"。

2.2008年3月26日公安机关对被害人李某翠的《询问笔录》中,问:"在刘某武和你最后一次发生性关系后,为何你自己去了他的宿舍?"李答:"我不知道为什么,因为第一次发生性关系后,我开始对他有好感了……我和她们讲过,刘某武的怀抱很温暖,而且我也和李某梅、李某香她们讲我对刘某武有好感……我就老在想他和我讲过的甜言蜜语,才慢慢地对他有好感的。"

3.2008年3月28日公安机关对被害人李某翠的《询问笔录》中,谢答:"前一天和我妈妈吵架了,我生气就早上四五点钟到学校了……我一直想告刘某武,但有时候想到他讲的笑话,我就不忍心告他。一开始刘某武讲让我做他的老婆,后来李某老师和我讲刘某武是有老婆的人,他是披着羊皮的狼,讲的话都不能信,所以我才要告刘某武的。"

4.2008年4月7日检察机关对被害人李某翠的《询问笔录》中,问:"既然讲刘某武强暴你,为什么对他还有好感?"李答:"他住在我们学校,学生经常去他那玩,觉得他很有意思。"问:"今年春节后,你是否多次给刘某武打电话?"答:"是的,他不接。"问:"打电话干什么?"李答:"问他到底对我是真心还是假心。"

5.2008年5月22日,检察机关对被害人李某翠的《询问笔录》中,问:"你为什么先打刘某武的手机电话?"李答:"我是打着玩,骚扰电话,我打电话就把电话挂了。"问:"你怎么知道刘某武的手机号码的?"李答:"是李某云跟我讲的。"

各位二审法官:本案中,假如刘某武真的与李某翠发生了性关系,从李某翠的上述陈述中,我们还能认为是刘某武在强奸李某翠吗?

此外,我们还发现以下很值得我们去深思的情况。第一,自从李某翠与刘某武接触后,立即改变了以往与其他同学一道上学的习惯,并时常大清晨去学校上学，这是否意味着李某翠为了想单独会见刘某武呢？第二，刘某武为什么能顺利地多次"强奸"李某翠，这里面是否有某种顺其自然的规律呢？第三，被害人李某翠与刘某武之间为什么有那么多的通话记录呢？这是强奸犯与被害人之间的通话吗？他们在交流什么呢？第四，被害人李某翠在得知刘某武要走了，为什么就"不想活了"并且要告刘某武？这是不是爱情无果、由爱生恨呢？

因此，我们认为，本案没有证据能够证明被告人刘某武实施了强奸行为。

四、起诉书指控被告人刘某武构成强奸罪属冤案、错案；一个没有具体作案时间的强奸行为，能认定构成强奸罪吗？

本案在案发之前，刘某武在红某村挂职任党支部第一书记，而本案的关键证人李某老师的父亲李某江也是该村的书记。据红某村众多村民共同出具的《陈情书》反映，张、李二人在工作配合过程中有较深的矛盾和经济利益冲突。但本案在李某江之女李某老师介入后，迅速转化为刑事案件。李某老师不仅要求被害人李某翠上告，还称刘某武是"披着羊皮的狼"，并对被害人李某翠说"刘某武是在欺骗你！""他是有老婆的人"等。试想，假如李某翠对刘某武"一往情深"，在听到李某老师的一番话后，肯定内心会做出剧烈反映。此外，如果李某老师真是为了伸张正义，应当要求李某翠向公安机关报案，因为作为教师应懂得向公案机关报案，而不是向村里干部李某月报案。但李某老师为什么要求被害人李某翠向村里干部李某月报案？这是不是在利用李某翠而挟私报复？而事实上村里干部接到李某翠的报案后，在村里干部的"努力"下，刘某武的命运急转直下，在一番"是公了还是私了"无效后，立即迅速转化为刑事案件，刘某武身陷囹圄。很显然，这里不能排除李某翠控告刘某武强奸是受他人恶意指使。不仅如此，更引起我们注意的是，《起诉书》在指控刘某武构成强奸罪时，不仅证据不足，

而且也明显存在严重的事实不清:"经依法审理查明……此一两个星期后的一天早上,被告人刘某武以拖拽硬拉的方式将李某翠从红某小学六年级的教室拖至其校内的宿舍强奸。又过了一两个星期后的一天早上,被告人刘某武以同样方式将李某翠拖至其在红某村办公室的宿舍内,将李某翠强奸。"很显然,起诉书关于刘某武实施强奸行为发生的时间也没有搞清楚。起诉书在这里用了一个时间跨度非常之大而且非常不确定的"一两个星期后的一天早上"。这种对具体行为时空描述方式,给人感觉是在说故事,而不是在认定犯罪行为事实。况且,起诉书存在这种对具体犯罪行为不确定的描述方式,本身就是证据不足和事实不清。

试问,一个没有具体作案时间的强奸行为,能认定为构成强奸罪吗?

很显然,起诉书关于刘某武犯有强奸罪的认定,是建立在对被害人李某翠一个人陈述的基础上作出的,其间并无其他证据印证。我们认为,被害人李某翠的陈述在无其他证据能够印证的情况下,在本案中充其量只是一份没有客观证据印证的言词孤证。因此,我们认为起诉书对于刘某武构成强奸罪的指控是一份危险的错误指控,因为只要李某翠一个人推翻其陈述,该指控就会变成空中楼阁。

五、本案审理过程中,被害人及全部证人均未出庭作证和质证,此类言词证据无法查证,依法不应作为定案证据。

《刑事诉讼法》第四十二条规定"证据必须查证属实,才能作为定案的根据";第四十七条规定"证人证言必须在法庭上经过公诉人、被害人和被告人、辩护人双方讯问、质证,听取各方证人证言并经过查证属实以后,才能作为定案的根据"。但本案在审理过程中,被害人、全部证人均未出庭接受质证,故上述言词证据无法查证,因此上述言词证据不能作为本案的定案证据。

值得注意的是，我们至今没有见到被害人李某翠，法庭也没有见过被害人李某翠。本辩护人不禁要问：本案中的被害人在哪里？李某翠在哪里？本案是否真的有被害人存在？

六、公诉机关撤回对刘某武的起诉后，又重新提起公诉没有事实和法律依据。

《人民检察院刑事诉讼规则》第三百五十一条规定，"在人民法院宣告判决前"，只有"发现不存在犯罪事实、犯罪事实并非被告人所为或者不应当追究被告人刑事责任的，可以要求撤回起诉"。也就是说，本案公诉机关撤回对刘某武的起诉后，应当是基于发现刘某武不存在犯罪事实，或者是犯罪事实并非刘某武所为，或者不应当追究刘某武刑事责任的情况下依法作出的。因此，公诉机关理应依法释放刘某武。如果公诉机关要想重新再起诉刘某武，根据《人民检察院刑事诉讼规则》第三百五十三条"撤回起诉后，没有新的事实或者新的证据不得再行起诉"之规定，公诉机关必须满足有新的犯罪事实或新的证据条件。

然而，本辩护人通过公诉机关新提交的证据目录和相关内容，我们并没有发现刘某武新的犯罪事实，或存在能够证明刘某武构成犯罪的新证据。因为证人中的方某某、丁某某、谢某某她们在过去已经作过证言，她们不是新的证人，且她们在《询问笔录》中所作的证言并不构成刘某武构成犯罪的支撑证据；证人王某某的证言、某市公安局龙山派出所出具的李某翠下落不明的《证明》、某某县公安局刑侦大队出具的有关在侦查中相关情况需要说明的《情况说明》，这些证据的证明对象和内容对认定刘某武构成犯罪亦无任何帮助或实际意义。相反，通过上述这些所谓的证人证言等证据来看，他们反过来不仅更加可以证明刘某武不构成犯罪，且进一步证明本案公诉机关在撤诉后又行起诉是严重的程序违法。

因此，本案公诉机关在撤诉后又行起诉没有事实和法律依据。

综上所述，本辩护人认为，本案公诉机关没有证据能够证明被告人刘某武实施了强奸行为，也不存在所谓被害人。因此，这是一起非常明显的冤案、错案。在此情况下如坚持认定刘某武构成严重的性犯罪——强奸罪，并对其判处刑罚让其身陷囹圄，这对于刘某武及其家庭来说，不仅是绝对地让其"毁灭"，同时也是对司法不负责任。为此，本辩护人提请法庭依据《刑事诉讼法》第一百六十二条第三项"证据不足，不能认定被告人有罪的，应当作出证据不足、指控的犯罪不能成立的无罪判决"规定，依法撤销一审判决，并宣告刘某武无罪。

以上辩护意见敬请合议庭采纳。谢谢！

辩护人：安徽王良其律师事务所

王良其　律师

××××年×月××日

案例（三）

2010年6月17日，王良其律师收到某某市中级人民法院送达的"（2010）某中刑终字第0014号"《刑事裁定书》，某某市中级人民法院认为，原审事实认定不清，证据不足，审判程序违法。该院裁定：一、撤销某县人民法院"（2009）某刑初字第201号"刑事判决；二、发回某县人民法院重新审判。在重审期间，县检察院对该案第三次撤回起诉。至此，历时两年又三个月，由王良其等律师分别为陈某文等八名被告人共同或分别犯有非法采矿罪、招摇撞骗罪和非法拘禁罪而被检察机关三次起诉，一审法院两次判决有罪的刑事判决全部被某某市中级人民法院依法撤销。

随后，八名被告人全部无罪获释，并获得县人民检察院支付的国家赔偿款。

2008年10月14日，某某省某县检察院以"某检刑诉[2008]第136号"《起诉书》，指控某县政协委员、某县卢某村水库承包人陈某文涉嫌构成非法采矿罪、招摇撞骗罪和非法拘禁罪，某县法院于2008年11月6日、10日两次对该案进行了开庭审理。开庭审理之后，在等待某县法院作出判决前，某县检察院要求对该案撤诉，某县法院作出了"（2008）某刑初字第184号"《刑

事裁定书》，准许某县检察院撤诉。2009年1月19日，某县检察院又以同样文号的"某检诉〔2008〕第136号"《起诉书》以陈某文涉嫌构成非法采矿罪、招摇撞骗罪和非法拘禁罪重新向某县法院提起公诉。该案于2009年2月16日又一次在某县法院开庭审理。2009年3月16日，某县法院作出了"（2009）某刑初字第33号"《刑事判决书》，判决陈某文犯非法采矿罪、招摇撞骗罪和非法拘禁罪，合并执行有期徒刑四年，并处罚金5000元。与此同时，该判决对邓某勇等其他八名被告人即卢某村水库渔场职工亦作了相应的有罪判决。某县法院上述判决下达后，陈某文等人不服，遂向某某市中级人民法院提出上诉。2009年6月2日，某某市中级人民法院对该案进行了公开开庭审理。法庭上，本所律师出庭，依据事实和法律为陈某文等被告人作了无罪辩护。某某市中级人民法院通过审理，遂依法作出了"（2009）某中刑终字第88号"《刑事裁定书》，并撤销了某县法院"（2009）某刑初字第33号"《刑事判决书》的裁定。某某市中级人民法院在该裁定书中认为，原判决认定上诉人陈某文、邓某勇、詹某修、陈某全、李某政、原审被告人吴某军、陈某记、程某生犯非法采矿罪、招摇撞骗罪、非法拘禁罪的事实不清，证据不足。依照《中华人民共和国刑事诉讼法》第一百八十九条第（三）项的规定，裁定如下：一、撤销某县法院"（2009）某刑初字第33号"刑事判决；二、发回某县法院重新审判。

在上述案件发回重审过程中，某县检察院对全案进行了第二次撤诉。撤诉后不久，某县检察院又决定，不再对詹某修、陈某全、李某政、吴某军、陈某记、程某生进行起诉，仅对陈某文、邓某勇再进行第三次起诉，并于2009年11月16日作出"某检刑诉〔2009〕第118号"《起诉书》，指控陈某文、邓某勇犯有非法拘禁罪。因此，该案由最初的8名被告人、涉嫌罪名为3个，缩减为目前的2名被告人、涉嫌罪名为1个。2009年12

月16日，某县法院作出"（2009）某刑初字第201号"刑事判决，判决：一、被告人陈某文犯非法拘禁罪，判处有期徒刑二年，缓刑三年。二、被告人邓某勇犯非法拘禁罪，判处有期徒刑一年六个月，缓刑二年。该判决下达后，陈某文、邓某勇以一审审判程序违法，判决认定事实及适用法律错误等为由提出上诉。

2010年3月1日，某某市中级人民法院在该院再一次进行二审公开开庭审理，王良其等律师继续依法分别为陈某文、邓某勇作了无罪辩护。某某市中级人民法院经审理后认为，原审事实认定不清，证据不足，审判程序违法，遂作出了撤销某县人民法院"（2009）某刑初字第201号"刑事判决的裁定。

辩护词（三）

致：某某市中级人民法院

审判长、审判员：

根据《刑事诉讼法》的规定，安徽王良其律师事务所接受本案被告人陈某文近亲属的委托，并征得被告人陈某文本人的同意，指派我们（以下或简称"本辩护人"）作为其辩护人参与本案的诉讼活动。本辩护人曾经参与了本案2008年11月6日、2009年2月16日、2009年6月2日、2009年12月4日四次开庭审理，这是第五次参与本案的开庭审理。为此，我们对案件的事实真相和诉讼过程有了更为全面的掌握和刻骨铭心的理解。

根据对本案审理过程中在程序上反反复复、一波三折甚至一波四折的"马拉松"式诉讼过程的研究，本辩护人认为，公诉机关前二次指控被告人陈某文等人构成非法采矿罪、招摇撞骗罪及非法拘禁罪不仅事实不清、证据不足，而且在两次撤诉后第三次起诉并指控陈某文等人犯有非法拘禁罪仍然是事实不清、证据不足。本案的诉讼过程在法律上已失去法律监督，通过严重违反刑事诉讼程序等手段，人为制造冤案和错案。本案在查办和审判过程中，受到严重干涉，导致相关司法人员放弃职责，法律已演变为某些人挟私报复的工具!

本辩护人特别提请法庭注意的是,本起案件是一起利用国家公权力对陈某文等人恶意报复陷害的恶性案件,并且已具备报复陷害案件的一切特征。

根据我国司法实践中的案例,报复陷害案件主要存在以下特征:一是动用公安、检察和法院等国家司法机关的力量,其背后往往受人"遥控"指挥;二是罗织系列罪名,即"沾边"就算犯罪,其目的就是"总有一罪适合你";三是案件在司法程序上反反复复、一波三折,本案已是一波四折;四是案件久拖不决,旷日持久。而本案中,除当事人没有像"白宫"案中的举报人李某福一样自杀身亡外,在命运归途上很是类似于该案中的举报人李某福。正因为如此,本案已受到各种媒体的广泛关注。

本辩护人敬请二审合议庭各位法官能够明察秋毫,排除干扰,宣告陈某文无罪,以此重新恢复人民法院的公信力。

一、关于本案一审诉讼程序是否违法:

诉讼游戏已成为本案一审的典型特征;反复撤诉、再起诉、再审理等诉讼程序违法之程度令人震惊!

一审判决认定相关程序违法的诉讼文书证据与本案没有关联性而不予采纳,属认定事实明显错误。

(一)被告人陈某文的辩护权被无端剥夺。

《刑事诉讼法》规定:"被告人有权获得辩护,人民法院有义务保证被告人获得辩护。""人民法院、人民检察院和公安机关应当保障诉讼参与人依法享有的诉讼权利。"本案中,某县相关侦查机关、公诉机关和审判机关在诉讼过程中,为了达到治被告人陈某文的罪的目的,想方设法剥夺被告人陈某文的辩护权。

本辩护人2008年11月上中旬因公出国访问，为不与本案开庭时间发生冲突，在10月下旬即与承办法官协商开庭时间，但遭到承办法官以"法院开庭由不得律师"拒绝。本案于2008年11月6日（星期四）第一次开庭审理，由于法庭调查尚未结束，当天庭审未能开完。按理，为了保证庭审活动的连续性，第二天是星期五应接着开庭，但法院故意将开庭时间安排在本人已出国的11月10日。据悉，11月10日庭审进行了一天，本辩护人缺席，被告人陈某文未能获得充分和有效的辩护。

本案公诉机关作出的《起诉书》，即2009年11月16日"某检诉[2009]第118号"《起诉书》是公诉机关在第二次起诉并撤诉后，第三次再行起诉作出的。该《起诉书》在指控陈某文等犯有非法拘禁罪时，只不过是将2008年10月14日第一次作出的"某检刑诉[2008]第136号"《起诉书》中的"非法限制人身自由"改为"非法剥夺人身自由"，并无公诉机关在第二次撤诉时所称的"因事实、证据有变化"。而这一关键性的结论改动，公诉机关完全是根据2008年11月6日和10日的两次庭审中本辩护人和其他辩护人的质证和辩护意见所采取的针对性反辩护措施。而这些反辩护措施，是通过没有法律根据的撤诉、再行起诉、再再行起诉来完成的。公诉机关的这一没有法律依据的做法其违法性直接表现为剥夺了被告人陈某文的辩护权和辩护理由。因此，本案中某县侦查机关、公诉机关、审判机关的程序明显违法。

值得一提的是，公诉机关在撤诉后，不仅没有依法释放被告人，更没有依法提审或会见被告人陈某文，且在所谓的重新侦查过程中的侦查阶段、检察机关在第二次审查起诉和第三次审查起诉阶段均未告知被告人享有法律帮助权和辩护权。被告人在这两个重要阶段的辩护权被某县侦查机关、特别是公诉机关无端剥夺。此外，在侦查阶段，某县公安局处处刁难被告人的辩护律师，阻止依法进行会见；审查起诉阶段，检察机关剥夺辩护律师的阅卷权，让辩护人无法开展正常辩护工作；在前二次一审审判过程中，被告人辩护律师的发言常常被审判人员打断和无理制止，更有甚者，辩护人向法院送诉讼材料，被该院法警拦在大门外。很显然，上述违法作法致使被告人陈某文的辩护权没有得到保障。

此外，本案第二次开庭审理时，辩护律师在庭上发表辩护意见时还遭到公诉人的公开威胁、恐吓。

令人震惊的是，本辩护人在2009年2月16日第二次开庭审理后依法向一审法院提交的《辩护词》去向不明。

（二）某县检察机关两次撤回起诉后，没有新的事实和新的证据即再行第三次起诉，不仅是为了剥夺陈某文的辩护权，而且是不达治陈某文罪的目的决不罢休；对于公诉机关反复撤诉、起诉的诉讼游戏，一审法院竟然受理并进行审判是典型的违法审判。

通过阅读公诉机关2009年11月16日第三次作出的"某检刑诉第118号"《起诉书》，我们不难看出，该起诉书对陈某文等人犯有非法拘禁罪的指控，与2008年10月14日第一次作出的"某检刑诉第136号"《起诉书》显著变动仅仅是，在指控陈某文等人构成非法拘禁罪时，将原来已作出过"非法限制人身自由"公诉结论改为"非法剥夺人身自由"公诉结论，其他内容与2008年10月14日作出的"某检刑诉第136号"《起诉书》无任何变动。尤其值得一提的是，起诉书将"非法限制人身自由"直接改为"非法剥夺人身自由"结论，完全是公诉机关随意"拍脑袋"的"神来之笔"，公诉机关并没有补充任何形式的新证据。本辩护人认为，公诉机关通过"修改"起诉书所指控的犯罪事实和过去已经作出过的结论，其做法完全是其根据2008年11月6日、11月10日两次开庭过程中本辩护人和其他辩护人的质证意见和辩护意见所采取的针对性反辩护措施,而这些反辩护措施,是通过没有法律根据的撤诉、再行起诉、再再行起诉来完成的,其违法性不仅表现为剥夺了被告人的辩护权和辩护理由,更表现为不最终达到治陈某文罪的目的决不会罢休!因此,本案中公诉机关通过直接修改原先已作出过的结论,该做法明显程序违法。

本辩护人认为,如果本案是过去案件的重新审理,则本案的继续审理违反了"一事不再理"的诉讼原则。因为过去的案件公诉机关已经进行了司法实践中十分罕见的两次撤诉,并且某县法院已作出准予撤诉的"(2008)某刑初字第184号"《刑事裁定书》以及"(2009)某刑初字第0124号"《刑事裁定书》,该两份裁定现均已生效。该两案在刑事诉讼程序已经结案,故一审法院则不应当对公诉机关已经两次撤诉的案件在无事实变化的情况下再进行第三次受理与审理。因此,本案如果是过去案件继续审理,那么本案的受理与审理,毫无疑问是程序违法。此外,根据《人民检察院刑事诉讼规则》第351条之规定,只有"发现不存在犯罪事实、犯罪事实并非被告人所为或者不应当追究被告人刑事责任的,可以要求撤回起诉"。因此,公诉机关在第一次撤回对被告人起诉后,其刑事诉讼行为应当终结,公诉机关并应当对犯罪嫌疑人过去采取的强制措施进行解除或变更。如果因为新的案件需要立案侦查,公安机关应当办理刑事案件立案手续,如果在侦查过程中需要对犯罪嫌疑人依法采取强制措施,亦应当向犯罪嫌疑人宣布,并通知他们的家属,还应当向犯罪嫌疑人告知他们的诉讼权利,特别是他们享有获得法律帮助的权利,获得充分辩护的权利。但是,自公诉机关第一次、第二次撤诉后,本案的侦查机关和公诉机关从没有任何人提审过陈某文,也没有就是否变更强制措施或继续采取强制措施向犯罪嫌疑人宣布过,也没有通知他们的亲属,更谈不上保障他们依法享有获得法律帮助的权利和依法享有辩护的权利，而且本辩护人自收到某法院于2008年12月25日作出准许某县检察院撤诉的（2008）某刑初字第184号《刑事裁定书》后，无论是当事人的亲属，还是辩护人，就再也没有听到或收到任何来自司法机关关于该案的声讯。因此，本案作为新的刑事诉讼案件，在侦查机关、公诉机关没有保障犯罪嫌疑人权利的情况下，在被告人亦未获得法律帮助和辩护的情况下，公诉机关就径直第三次向一审法院提起公诉，其公诉和指控行为严重违反了刑事诉讼法有关规定，并剥夺了陈某文的合法权利。

《人民检察院刑事诉讼规则》第三百五十三条第四款规定，撤回起诉后，没有新的事实或者新的证据不得再行起诉。同时，最高人民法院《关于执行〈刑事诉讼法〉若干问题的解释》第一百一十七条第一款第（四）项规定：依照本解释第一百七十七条规定，人民法院裁定准许人民检察院撤诉的案件，没有新的事实，证据，人民检察院重新起诉的，人民法院不予受理。

本案公诉机关作出的《起诉书》指控陈某文等构成非法拘禁罪的事实中，案件事实还是前一次《起诉书》书所指控的事实，并没任何新的变化，同时也没有新的证据。因此，公诉机关就过去已经指控、并且两次撤回起诉的案件再重新起诉没有法律依据。我们不知道人民法院准予公诉机关撤诉的法律效力到底有没有？如果有法律效力，这种效力又体现在什么地方？因此，对于这样玩弄诉讼游戏的反复撤诉、起诉，一审法院为什么竟然受理并开庭审理？反复撤诉、起诉到底有没有尽头？

事实上，本辩护人至今都没有弄清楚，本案的一审是过去案件的继续开庭，还是另案的重新起诉？

（三）本案过去的诉讼程序惊现案号相同、但内容不同的《起诉书》，且第三次起诉指控非法拘禁的犯罪事实和法律适用与第二次起诉的《起诉书》完全相同，公诉机关让严肃的法律程序更加变成诉讼游戏；一审法院

受理并审理本案违反"一事不再理"的诉讼原则。

让人震惊的是,某县检察院就本案第二次提起公诉时出现了与过去已结案件"某检刑诉〔2008〕第136号"相同案号不同内容的阴阳《起诉书》。此公诉行为不仅程序严重违法,而且同一案号不同内容的《起诉书》在我国的司法实践中是绝无仅有的。但一审法院对此视而不见,仅在过去作出的判决中轻描淡写认定"存在瑕疵,但不足以影响到案件事实的认定和程序上的公正"。试问,一个对程序严重违法的起诉都可以原谅的一审法院,如何保证案件判决的公正?

在本案开庭审理之前,通过一审法院接收本辩护人重新办理的委托辩护手续行为来看,本案似乎应当又是一件新的刑事诉讼案件。如果是新的诉讼案件从头再来,那么,公诉机关于2009年1月19日作出的《起诉书》为什么与已发生撤诉法律效力的2008年10月14日作出的"某检刑诉〔2008〕第136号"《起诉书》是同一案号?且同一"某检刑诉〔2008〕第136号"案号下为什么会存在两份内容不同的"阴阳"《起诉书》?都是具有刑事诉讼行为效力的人民检察院作出的两份《起诉书》,本案当事人及其他诉讼参与人应当以哪一份为准?本案中,同一"某检刑诉〔2008〕第136号"案号下竟然出现两份不同内容的阴阳《起诉书》,恐怕在我国司法实践中绝无仅有!

不仅如此,公诉机关第三次起诉陈某文犯有非法拘禁罪的事实描述与法律适用,与其2009年1月19日作出的《起诉书》中指控陈某文犯有非法拘禁罪的事实描述与法律适用完全相同,可以说是一字不差。这就非常奇怪,公诉机关不是已经撤诉了吗?法院不是已经准许其撤诉了吗?难道一审法院"一事可以反复再三受理"吗?此种诉讼游戏在法律上有没有尽头?

事实上，本案 2008 年 11 月 6 日、11 月 10 日的第一次开庭审理，2009 年 6 月 2 日第二次开庭审理，就是某县公、检、法三机关为了达到治陈某文罪目的的两次开庭演练和彩排、两次"战前合练"。

（四）某县检察院在撤诉后仍继续羁押被告人侵犯了陈某文的基本人权；一审法院判决陈某文有期徒刑二年，比 2009 年 3 月 16 日作出的"（2009）某刑初字第 33 号"《刑事判决书》加重刑罚，违反了刑事诉讼法规定的"上诉不加刑"原则。

《人民检察院刑事诉讼规则》第 351 条列举的可以撤诉的理由非常清楚，即：①起诉书指控被告人的犯罪事实不存在；②有犯罪事实，但并非被告人所为；③对被告人不应追究刑事责任。总之，无论某县检察院是依据上述哪种规定予以撤诉，之所以撤诉，毫无疑问就是由于对被告人的犯罪指控缺乏事实依据。基于这个前提，检察院在撤诉后就没有理由继续再关押陈某文，其正确的做法是立即释放陈某文。一个非常简单的道理，既已撤诉，案件就结案，又没有新的犯罪证据，检察机关还有什么理由继续羁押陈某文？而此种不明性质的羁押，侦查机关和公诉机关既没有告知陈某文，也没有告知陈某文的亲属，陈某文也没有见到侦查机关和公诉机关的任何人员。

本辩护人认为，本案不仅从程序上应当对陈某文变更强制措施，而且从尊重基本人权的角度，也应当对陈某文变更强制措施。此外，某县法院 2009 年 3 月 16 日作出的"（2009）某刑初字第 33 号"《刑事判决书》曾经作出的判决对陈某文构成非法拘禁罪的有期徒刑充其量也只不过是一年六个月，而陈某文却被实际羁押近一年九个月。一审法院为摆脱这种实际羁押超期的尴尬局面，不惜违反"上诉不加刑"的原则，在因陈某文上诉引起的发回重审后直接改判陈某文有期徒刑二年！

二、关于公诉机关就本案第三次提起公诉是否具有法律依据：公诉机关撤回对陈某文等人的起诉后，又第三次重新提起公诉没有事实和法律依据。

根据《人民检察院刑事诉讼规则》第351条规定，"在人民法院宣告判决前"，只有"发现不存在犯罪事实、犯罪事实并非被告人所为或者不应当追究被告人刑事责任的，可以要求撤回起诉"。也就是说，本案公诉机关撤回对陈某文等人的起诉后，应当是基于发现陈某文等人不存在犯罪事实，或者是犯罪事实并非陈某文等人所为或者不应当追究陈某文等人刑事责任的情况下依法作出的。因此，公诉机关理应依法释放陈某文等被告人。如果公诉机关要想重新再起诉陈某文等人，根据《人民检察院刑事诉讼规则》第353条"撤回起诉后，没有新的事实或者新的证据不得再行起诉"之规定，公诉机关必须满足有新的犯罪事实或新的证据条件。

然而，本辩护人通过公诉机关新提交的证据目录和相关内容，我们并没有发现陈某文等人有过去漏诉的或者是新的犯罪事实，或存在能够证明陈某文等人构成犯罪的新证据。因此，本案公诉机关在撤诉后再行起诉没有事实和法律依据。

三、关于公诉机关指控的罪名是否能够成立：一审判决认定的非法拘禁事实不清；公诉机关没有证据能够证明陈某文实施了非法拘禁行为，更没有证据能够证明陈某文构成非法拘禁罪；出席庭审的三名证人亦证明陈某文等人没有对所谓的"被害人"实施非法拘禁。

公诉机关第三次作出的《起诉书》指控陈某文犯非法拘禁罪，我们认为该指控依法不能成立。

非法拘禁罪，是指以拘押、禁闭或者其他强制方法，非法剥夺他人人身自由的行为。

本罪的最主要特征是：实施了非法强制他人身体，使他人失去人身自由的行为。非法拘禁是一种持续行为，该行为在一定时间内处于继续状态，使他人在一定时间内失去身体自由。

公诉机关起诉书虽然指控陈某文等人"多次非法剥夺他人人身自由"。但是，根据本案法庭调查的结果，本案并没有证据能够证明陈某文等人剥夺了金某明、李某明、李某安、沈某峰、汪某清、万某庭、张某会等人的人身自由，而构成非法拘禁罪。

出席今天庭审的刘某明、黎某清、邓某升三名证人的当庭证词证明，一审判决认定的非法拘禁时间不清，交纳罚款时间不清，同时他们的证词亦证明被害人行动没有受到限制，更没有被剥夺，故陈某文等人没有对所谓的"被害人"实施非法拘禁。

此外，以下相关笔录亦不能证明陈某文实施了非法拘禁行为：

1. 被告人邓某勇供述（卷21页）：在给对方谈话时，我们的语气要重些，有时拍拍台子，嚷嚷骂骂的也有，有时陈某文讲给对方送公安局处理，或是送派出所拘留，吓吓对方，要不这样做，那些偷鱼的也不会怕我们，也管不住这些人。

2. 曾经是被告人的詹某修供述（卷270页）。附近的村民都认识我，知道我是卢某村水库的渔业管理员。（卷276页）问：被管理对象是否服从你们的管理？答：因为我搞的时间长，一般人都熟悉我，也晓得我是管理站上班的，所以都比较配合。

3. 被害人金某明陈述（卷310页）。问：你可知邓某勇、陈某文等人是干什么的？答：我知道陈某文是承包卢某村水库的，邓某勇、"长建"是陈某文请来看鱼的。

被害人金某明陈述（卷323页）。问：你接受这种处罚吗？答：凭良

心讲是不愿意接受的,但陈某文他们讲我们偷鱼,不然还将我们送到派出所拘留,我们也没办法,只有接受。

4.被害人李某安陈述(卷358页)。问:当时对你们是否实施了殴打等?答:没有,就是"文子"没回来之前不要我们走。

5.被害人汪某清陈述(卷340页)。问:你知道邓某勇他们是干什么的吗?答:邓某勇以前我们就认识,我晓得他们是管鱼的。

被害人汪某清陈述(卷341页)。问:他们是怎么不让你走的呢?答:他们一直有人看到我们,把我们放在办公室等,另外,他们还扣押了车子,我们走不了。

被害人汪某清陈述(检察补充卷11页)。答:我当时还请黎某清主任讲情了……

6.证人李某云证言(卷343页)。问:汪某青、徐某成可受到殴打等行为?答:应该没有被挨打。

7.被害人张某会陈述(卷349页)。问:你是否接受处罚?答:不愿意,对方做材料的讲不交可以,他们将材料移交到司法机关处理,我怕不过的,没办法才交的。

公诉机关指控陈某文犯有非法拘禁罪的证据无非就是上述所谓的"被害人证言"。但通过以上各被害人陈述,陈某文对被害人并没有实施殴打、捆绑、威胁等暴力行为,也没有对他们进行非法强制身体的行为。陈某文以将案件移交到司法机关处理不属于威胁、恐吓,公诉机关指控陈某文等人构成非法拘禁罪没有事实根据,陈某文的行为没有构成非法拘禁行为。

不仅如此,公诉机关第三次指控陈某文等人构成非法拘禁罪的罪名不能成立,还因为:

(一)陈某文是2003年7月15日通过与卢某村水库工程管理处签订

卢某村水库养殖水面渔场合同后,依法获得了卢某村水库的经营权,且双方签订该合同的依据是为了落实某县政府文件精神,某县人民政府并且把陈某文依托卢某村水库而兴办的"农家乐"项目作为某县的对外招商引资项目。因此,陈某文对卢某村水库具有合法的承包经营法律关系,陈某文对卢某村水库依法享有经营管理权,工作人员平时的工作目的和主要职责均是保护卢某村水库的渔业资源不受非法侵害和偷盗,这些都是合法的企业经营管理行为。陈某文有权保护卢某村水库的渔业资源不受非法侵害和偷盗。

(二)本案没有任何证据能够证明被告人等人非法剥夺了金某明等人的人身自由。卢某村水库的管理人员在抓获偷盗者时,有权要求偷盗者进行经济赔偿,有权对自己权利被侵害时实施权利救济,盗鱼者在侵害他人渔业资源财产所有权后,不管盗鱼者高兴不高兴、喜欢不喜欢,依法都必须要向渔业资源的所有者承担法律责任。因此,双方在对盗鱼行为进行民事处理时的谈判过程,不能认定为是限制偷盗者的人身自由,更不能认定是剥夺偷盗者的人身自由。况且,法律规定非法拘禁罪是指以拘押、禁闭或者其他强制方法,非法剥夺他人人身自由的行为,而不仅仅是限制人身自由的行为。被告人等人没有对金某明等人采取拘押、禁闭或其他强制方法。如果说是有"强制",那就是"把你们送到派出所去!"但这种依法处理的方法显然是合法的,而且是这些偷盗者所不愿意接受的。这些偷盗者不愿意被告人把他们送到公安派出所,这表明他们是自愿接受被告人他们的民事赔偿处理。反之,如果被告人等人真的非法剥夺了他们的人身自由,谋取非法利益,他们早就应当向公安机关报案。

"做贼心虚!"他们之所以不愿意去公安派出所"公了",而是愿意接受陈某文要求其赔偿进行"私了",甚至还托人说情进行私了,为什么

会这样呢？就是因为他们是偷鱼的，说难听点他们是"贼"，他们实施了偷盗的非法行为。权利者要求实施偷盗非法侵权行为者承担赔偿责任，这种正当要求对违法者来说必然具有一定的强制性，这是善良社会的公平正义，但绝对不是非法拘禁！

（三）"非法拘禁是一种持续行为，该行为在一定时间内处于继续状态，使他人在一定时间内失去身体自由"。公诉机关第三次作出的《起诉书》是将原先第一次作出的、即2008年10月14日"某检刑诉〔2008〕第136号"《起诉书》指控的"非法限制人身自由"直接改为"非法剥夺人身自由"而来。根据其所指控的"剥夺自由"的时间描述来看，除对金某明、李某明的非法限制人身自由的时间是10小时外，其余都是事实不清的"数小时"，而且这种事实模糊的描述也没有相应的证据支撑和印证。很显然公诉机关起诉书指控的剥夺限制自由的时间完全是其主观擅断的标准。

（四）本辩护人在此特别要提请合议庭各位法官和公诉人注意，公诉机关对于陈某文等人不构成非法拘禁罪，在2008年10月14日第一次起诉时作出的"某检刑诉〔2008〕第136号"《起诉书》中是已有过明确结论的，即陈某文的行为也只是"非法限制了金某明等人的人身自由，而并不是"剥夺"了他们的自由。本辩护人认为，"限制自由"与"剥夺自由"在法律上并不是同一概念。非法限制人身自由是治安处罚法中的治安概念而不是刑法概念。根据《中华人民共和国治安管理处罚法》第四十条第三项的规定，对"非法限制人身自由"的行为，最多只能给予治安处罚而不是刑事处罚。但本案在2008年11月6日第一次开庭之后，经过撤诉、再起诉、再撤诉，公诉机关又起诉时在没有任何新证据的情况下，将在《起诉书》中的"非法限制"改为"非法剥夺"，此行为完全是某县检察院通过"神来之笔"出入人罪！因为，公诉机关虽然在第三次作出《起诉书》中将"非法限制"

改为"非法剥夺"，但这种行为法律性质的改变，前提是必须有相应的证据能够证明，但本案中公诉机关并没有提供任何相应的新证据作为支撑。因此，公诉机关将"非法限制"改为"非法剥夺"没有任何事实根据。实际上，第三次作出的《起诉书》将"非法限制人身自由"直接改为"非法剥夺人身自由"，公诉机关完全是根据2008年11月6日、11月10日的两次庭审中本辩护人和其他辩护人的质证和辩护意见所采取的针对性反辩护措施，而这些反辩护措施，是通过没有法律根据的撤诉、再行起诉、再撤诉、又起诉来完成的，其违法性直接表现为剥夺了被告人的辩护权和辩护理由。说白了，就是为了治陈某文的罪！因此，本案中公诉机关擅自修改《起诉书》已认定的事实和结论其程序明显违法。

尤其值得一提的是，某县公安局《起诉意见书》亦没有起诉陈某文构成"非法拘禁罪"的意见，公诉机关凭什么要治陈某文非法拘禁的罪呢？

综上，起诉书指控陈某文构成非法拘禁罪依法不能成立。

四、关于本案言词证据之证据效力：本案庭审过程中，被害人及全部证人均未出庭作证和质证，本案赖以定罪的全部言词证据都未经查证，相关证人、被害人的身份亦无从考证；此类言词证据的证人证言无法查证，上述所谓的被害人陈述和相关证言，充其量只是一种"传闻"或"传言"，该"传言"依法不应作为定案证据。

根据《刑事诉讼法》第四十七条，证人证言必须在法庭上经过公诉人、被害人和被告人、辩护人双方讯问质证，听取各方证人的证言并且经过查实以后，才能作为定案根据。根据最高人民法院《关于执行〈中华人民共和国刑事诉讼法〉若干问题的解释》第一百四十一条，证人应当出庭作证。本案一审过程中，没有任何一名证人或被害人出庭作证，同时也没有任何一名证人或被害人提供了身份资料供法庭核查。

本案公诉机关赖以指控的事实完全靠的是言词证据，且没有物证和书证作为印证证据。但本案中所有证人和被害人均没有出庭作证接受质询，且很多证人和被害人的身份都没有弄清楚，全部被害人、证人与被告人均有利益冲突即利害关系，也就是说，本案全部言词证据都没有查证。因此，公诉机关用这些没有经过查证的证人证言和被害人陈述作为指控被告人构成犯罪的证据，很显然没有说服力和证据效力。

《刑事诉讼法》第四十二条规定"证据必须查证属实，才能作为定案的根据"；第四十七条规定"证人证言必须在法庭上经过公诉人、被害人和被告人、辩护人双方讯问、质证，听取各方证人证言并经过查证属实以后，才能作为定案的根据"。但本案在审理过程中，被害人、全部证人均未出庭接受质证，故上述言词证据无法查证。上述所谓的被害人陈述和相关证言，充其量只是一种"传言"或"传闻"。

本案的所谓"被害人""证人"实际上都是陈某文因"非法采矿"被抓后才突然出现的，并且都是卢某村水库渔业资源偷盗者，而且在陈某文被抓获的事先——长达四五年的"犯罪过程"中并没有其中的任何一个被害人向公安机关报案。按现代西方法理的证人分类方法，他们毫无疑问都是"污点证人"。况且，他们这些污点证人，特别是偷盗渔业资源者与陈某文有利益冲突都有利害关系。因此，本案在没有其他证据充分印证情况下，如果相关证人再不出庭接受质询和对质，就无法查证他们的证人证言是否属实。况且，令我们感到奇怪的是，本案没有任何一名证人或被害人提供了身份资料供法庭核查。

司法实践证明，孤证定案，冤假错案居多！因此上述证人证言不能作为本案的定案证据。

五、关于本案诉讼过程之恶劣影响：本案系典型的对陈某文实施报复陷害案件，并且是一起典型的冤案、错案，是本地有关掌握国家公权力的机关和个人对陈某文等人报复陷害的产物和结果。

本案案发的起因是，2008年1月3日，被告人渔场职工吴某军等人从浙江省安吉县购买建筑普石。当运输车辆路过某县卢某村乡时，被卢某村乡党委书记张某斌等人酒后强行拦截运石车辆，后卢某村公安派出所扣留了运石车辆，并要求吴某军支付6万元罚款。后吴某军等人委托陈某文交涉，陈某文发现相关违法情况后即以政协委员的名义向省纪委等有关部门写信，举报张某斌等人的违法违纪行为。其2008年2月29日，吴某军遂向某县人民法院提起行政诉讼，状告某县公安局、乡政府，并要求其返还被扣车辆，但在行政案件开庭前3日，即2008年3月20日，被告人、吴某军等人突然被某县公安局刑事拘留，拘留理由是陈某文涉嫌非法采矿。与被告人同时被刑拘的还有陈某文渔场的7名工人。

本案实际是一起因被告人以政协委员的名义向省纪委等部门检举个别领导违法违纪行为而导致的报复陷害案件，是某县个别机关和个别领导利用职权，操控检察院和法院违法办案，干涉司法，对被告人进行报复陷害。而相关司法机关在干涉下亦开始放弃司法原则，并滥用司法权力办案。本辩护人提请法庭思考一下，本辩护人过去依法提交的《辩护词》去了哪里？是一审承办法官不小心弄丢了吗？显然不可能只丢了一份《辩护词》。

本案中，陈某文作为2007年底被推荐成为某县的第八届政协委员，并且某县公安局卢某村派出所2008年1月28日还将其聘为警风警纪监督员。但是，某县公安局的"某公刑诉字[2008]第92号"起诉意见书中，居然把陈某文描绘成带有黑社会性质的恶势力头目！如按本案起诉书所指控，或按起诉意见书中的结论，陈某文从2003年开始就负案在身。试问，如果陈某文是一个犯罪分子，是一个黑恶势力头目，那么，陈某

文在某县为什么会被推荐成为新一届政协委员,而且还成为公安局派出所警风警纪监督员呢?这要么是某县有关机关和组织机构存在严重问题,要么是陈某文作为黑恶势力在某县有后台老板或保护伞!那么,在某县,谁是陈某文的后台老板呢?谁又充当了陈某文的保护伞呢?

某县政府曾把陈某文依托卢某村水库开办的农家乐项目,推选为某县对外招商引资项目。但是,我们看到的是另一番景象:农家乐的房子已被夷为平地,陈某文身陷囹圄19个月,水库渔场任人偷窃,无人再敢管理,损失惨重!

各位法官:本案是否属于冤案和错案,是否属于本地有关掌握国家公权力的机关和个人对陈某文等人打击陷害的产物和结果,请法庭思考一下以下四方面的情况:

第一,2008年元月份,陈某文以政协委员的名义,并明确是为"参政议政",曾给省纪委、省政协、省委组织部等机关或部门分别写了一封《关于对卢某村乡政府乡长张某斌等人违法、违纪的举报信》,以反映个别干部"花天酒地、酒后滋事、行凶打人、作风粗暴""欺上压下、蒙骗群众、败坏上级形象"等问题,后来又有人用实名将上述举报信的内容发到某某市论坛网站上。由于该帖子还涉及某县个别领导人,因此陈某文的上述行为虽然从法律上看是正当的,但从常理上不难得出,陈某文的上述行为不可避免的"损害"了某县以及某县个别当权者的"声誉"。

第二,2008年2月29日,本案被告人之一吴某军曾提起行政诉讼,状告某县公安局和卢某村乡政府非法扣车行为。由于"民告官"开庭在即,就在该案开庭之前的2010年3月20日,某县公安局遂把陈某文、吴某军等人抓获归案。问题是,吴某军状告某县公安局和卢某村乡人民政府,某县公安局为何要抓陈某文?我们后来从某县公安局"某公刑诉字〔2008〕

第92号"起诉意见书中找到了答案:"吴某军是陈某文恶势力团伙的骨干成员,陈某文是恶势力头目。"

第三,2008年5月8日,《安徽商报》记者强某先生为陈某文涉嫌非法采矿一案,专门前来采访了卢某村乡党委书记张某斌,还采访了某县国土资源局等单位。通过强某记者所书写的《关于县陈某文案的采访情况说明》中"由状告乡党委书记突然沦为阶下囚""扣押货车前后发生戏剧性变化""逮捕羁押半年余罪名几番更迭"等相关内容,也可以看出该记者在该情况说明中亦怀疑本案是报复陷害的产物和结果。

第四,本案在侦查阶段,某县公安局在没有确实充分证据的情况下将被告人刑事拘留,并对被告人连续讯问长达三天三夜。侦查期间,罪名几番更迭,并超期羁押,且某县公安局的《起诉意见书》非常不严谨,在没有事实证据的情况下,把陈某文描绘成带有黑社会性质的恶势力头目。但又很奇怪,被告人2007年底又为何被推荐成为某县的第八届政协委员?2008年1月28日又为何被某县公安局卢某村派出所聘为警风警纪监督员?难道某县公安局曾经长时间充当陈某文的保护伞吗?

本案的典型性及一系列不正常办案情况,引来了诸多新闻单位的关注,但多家媒体采访本案时,均遭到某县相关部门,特别是县委宣传部的干扰。第一次开庭审理时,他们阻止安徽电视台记者的采访,并阻止《安徽商报》记者发稿。此外,省电视台、市晚报派出记者对本案进行了深入采访并作了首次报道后,即遭到县有关机关和宣传部门无理干涉。他们见到报道后,不是认真反省和检查自身,而是派人到新闻单位纠缠,给新闻单位和记者施压。

本案一审第二次开庭审理之后,被告人的妻子何某琴即开始背井离乡,有家不敢再回。更令人心寒的是,被告人家中的房屋在某县政府及有关机

关的逼迫之下被强制拆除。

被告人虽未亡，但家业已破……本辩护人提请二审法院合议庭法官明察秋毫。

综上所述，我们认为没有证据能够证明被告人陈某文构成"非法拘禁罪"，这是一起程序严重违法、错误起诉，并且是人为故意制造的冤案。因此，这是一起非常明显的、很典型的错案，是本地有关掌握国家公权力的机关和个人对陈某文等人报复陷害的产物和结果。在此情况下，如坚持认定陈某文等人构成犯罪，并对其判处刑罚让其身陷囹圄，这不仅是对我国公民权利的恶意践踏，而且是对我国法治建设的严重破坏，此做法亦和我国的政治最高层要求建立和谐社会的政治目标发生严重对立。为此，本辩护人提请法庭依据《刑事诉讼法》第一百六十二条第三项"证据不足，不能认定被告人有罪的，应当作出证据不足、指控的犯罪不能成立的无罪判决"，撤销一审的违法判决，宣告陈某文无罪，以恢复人民法院的公信力。

以上辩护意见敬请合议庭采纳。谢谢！

辩护人：安徽王良其律师事务所
王良其 律师
××××年×月×日

情怀

律师情怀
LÜSHI QINGHUAI

律师情怀
LüSHI QINGHUAI

情 怀

德行篇

良其江南老家古城仙源"万金岭"有一个传说：古时候有一穷小子每天在山上扒松毛卖钱谋生，有一户住在仙源街上的厚道人家每日高价购买这穷小子的松毛。当时的松毛是按斤计价的，这穷小子起了"坏心"，每天卖松毛时偷偷放两块砖头压秤。厚道人家其实早就发现了，故意没有点破。一天，厚道人家发现柴火房里每晚冒金光，原以为是着火了，但扒出来一看，竟然是金灿灿的金砖……天长日久，总共有一万多块。从此这座山就叫"万金岭"。

良其不是教育家，但我有个人工作和生活经历。我写的文字不是"鸡汤""鸭汤""人参汤"而是自己保持状态的"五谷杂粮"。

我喜欢阅读，能在工作之余做一些思考，目的是想让自己在短暂的人生当中尽可能地活得明白些。

"父母不要老是斥责小孩不听话、不好好学习。儿女来你家，是来充

实和丰富你的人生的,所以你应该感谢儿女们,要关心他们的生活,并搞好关系!"

有朋友问我为什么会有这种思维?其实,我是受到了庄子的"人的生命是生生不息的"的启发。子女只不过是借助于"父母"这个载体来人世间体验一趟,他们之后还会以生命的另一种方式存在。所以,父母要感谢子女来你们家。父母有这种思维,能够解决或缓解父母与子女之间因感恩、报答等关系所产生的矛盾和紧张对立情绪。

经常看哲学书,儿子滚滚有时也顺便翻翻,问我什么是"先验论"。我告诉他:"所有生物对周围世界的感知不需要经过任何学习,就会'做功'以维持自身生命系统的运行。这种先天就规定好的、与生俱来的能力,就叫作'先验'。"老子讲"道法自然"、生物学家讲"DNA决定一切",也是这个道理。

滚滚问我什么是因果关系。我对滚滚说道:"印刷术的发明,促使书籍普及和阅读的人增多;人们为了克服视力障碍,发现弯曲的玻璃有把字放大的效果,于是就制造出了眼镜;在制造眼镜的过程中,人类又制造出了放大镜;通过放大镜,人类看见了微小致病细菌;为了对付细菌,人类后来发明了青霉素。没有想到吧,印刷术的发明最终间接促进了青霉素的发明。这就是因果关系。"

我与滚滚在一起聊天。我对滚滚说:"你要向老爸我学习——我离开老家江南仙源时只带了二十块钱和一套《数理化自学丛书》。"

我对滚滚说:"我十八岁时,你爷爷已经七十一岁了,我在物质上无依无靠！"

　　我对我家儿女都很满意！感谢他们对我的信任——来我王家！

　　人，品行中最大的恶行就是见不得别人的好。许多人因此而精神失常，许多人因此而坠入深渊，许多人因此而身败名裂，许多人因此而家破人亡。

　　术，研究的是如何驾驭别人；道，研究的是我们被什么力量所驾驭。大道无形，君子不器。

　　人，最重要的能力与智慧之一——自我觉察。

　　读万卷书，行万里路。律师学习的目的，应该是追求更好的思维模式以提升价值判断力，而不是更多的知识。在一个落后的思维模式里，即使增加再多的信息量，也只是低水平的重复。

　　社会必须有一些正直而所谓的"不识时务者"站出来，走到说谎者面前，以常识和良知作答："不，那不是马，是鹿！"

　　人，要有人的味道。失去了人的味道，不仅语言乏味，说话没人听，久而久之还会"面目可憎"。

　　每个人都有觉醒的时刻，觉醒的早晚决定个人的命运。每一代人都有每一代人的责任和境遇，若醒得太晚，这一生就算是放弃了。

多年来，我坚持每天背诵20分钟古文，如果晚上得空散步，可以背诵30分钟以上。天天读古文，其实是每天和历史对话。

看《楚汉战争》，我发现"伟大"都是熬出来的。为什么要熬？因为普通人承受不了的委屈，伟大的人得承受；普通人需要别人理解、安慰、鼓励，而伟大的人则不需要；普通人用对抗、指责来发泄情绪，而伟大的人在对待这些事情上都会自我转化或自我消化。

不管遇到什么情况，你首先想到的是"阴谋论"。这种没有证据上的支撑，长期用"阴谋论"思维认识事物，不仅会使我们失去包容的心，还会让我们内心填满狭隘、愚昧和戾气。长此以往，更会让我们失去思辨能力。

一个年轻人，如果让极左思维长期占据自己的大脑，将永远生活在思境洞穴的黑暗之中。

由于常承办所谓的"敏感案件"，为防止遭人陷害，我早已做到深居简出。您别说酒后驾车，凡诸如歌舞厅、公共浴池等易引发是非的场所我一律不去——自己在家打造了一个"洗浴中心"，连桑拿房都备了。

自律的顶端是孤独，孤独的顶端是自由。

辩护律师，第一次会见当事人就鼓噪其"认罪认罚"，甚至带着"使命"充当"认罪认罚"的说客，这就如同医生叫病人放弃治疗——不仅严重违背律师的执业道德与操守，而且你也失去了做律师的人格！

性格是天生的，勇气也是天生的。

情　怀

在刑辩律师队伍中,有些律师在研讨会上能把别人驳得体无完肤。但是,一到法庭上,法槌一响,他连顺溜说话的能力都没有。

技术可以练,而胆量你是练不出来的。没有胆量,刑辩慎入,改行趁早。

我对律师同行说一句真心话:不要用形而上的东西去看待辩护。真的,律师最好还是用所办过的实实在在的案件表达内心想说的话,否则一旦遇上开庭,审判长法槌一响,辩护人不仅话说不顺溜,可能连身体都会微微颤抖。

律师,至少要做到两件事:一是专业,二是品行。专业决定了你在行业中的存在;品行决定了你在行业中的气场。

如果你想更出色,则要再做到"坚持"。

圆滑的东西是堆不高的,总得方方正正的才可以堆得高。做人如此,做律师更是如此。

世间万物皆苦,你的持续努力就是救赎。

每位律师,不仅要充分展示自己的羽毛,而且要十分爱惜自己的羽毛——做一位专业、干净的律师。

法科生通过司法考试,仅仅在法律知识层面上满足了做律师的基本条件,但律师职业的实践性、综合性、社会性,特别是思维模式,决定了律师职业本身是一门很大的学问,而这门学问在学校老师那里学不到,自己

摸索也行不通,是由师父带徒弟带出来的。所以,律师入行时跟对人、选对所就变得尤为重要。

跟对师父、选对所,决定你在律师行业能走多远、飞多高。

刑辩律师,要做到清心直道,品行端正,刚正不阿。

律师作为一个职业,要取得收入才能生存,所以,律师一定要有经营意识。也存在营销活动,在营销过程中也需要把自己"卖个好价钱"。但是,律师中介机构的性质,决定了律师必须讲究诚实守信、安全可靠,而不能像其他商人一样唯利是图。

律师要千方百计去维护律师个人正派形象,做一名专业、敬业的律师。

我曾不止一次地对通过司法考试前来面试的未来同道们说:"法律从来就不是背会的,而是用会的——第一次成功运用,你会熟悉;第二次成功运用,你会熟练;第三次成功运用,你会成为专家,并有成就感。"孔子曰:"学而时习之,不亦说乎。"就是这个道理。

我对"学而时习之,不亦说乎"这句话的理解:一、"学而时习之",指将学问变成习惯;二、"说乎",指悦乎。

律师除了收取律师费以外,工作中最好不要接受当事人的吃请或费用报销。如果有可能,办案过程中发生的琐碎费用也尽量自己支付。长此以往,不仅使律师在客户面前树立了正派形象,而且让自己身价百倍。

良心、理性、公平、正义——律师要有社会公益心,要有社会责任心,要通过自己的努力工作来推动社会司法文明进步。

情　怀

律师对公共利益发声，或对热点事件进行点评，应当以法律专业为基础，以良心、理性为操守，以公平、正义为落脚点，才不至于失之公允。

有律师新人问我："王主任，律师是不是必须讲真话、不说假话？"我作答："我不讲假话，但法律没有要求我所有的真话都必须对外讲！"

年轻律师、实习律师，每天都要按时上下班，不要迟到早退，要做到自律，自我加压。否则，一旦自由散漫的习惯形成，未来会暗无天日。

许多律师的失落，都是因为自己没成为更好的律师，却奢求别人成为更好的当事人。

我对一后生说："不行，你身子太重了。行动力，你要向我看齐！就算你只是个破罐子，也要争取比别人摔得响！"

只要功夫深，铁杵磨成针。但如果你是块木头，只能磨成牙签。是否能成就律师，亦是如此！

成就律师三步骤：成为熟悉业务的律师，让社会认同，让社会接受你是律师。第三步最难，许多人中途夭折。

人，最珍贵的品质有三样：一是热血，二是认真，三是坚持。

对于绝大多数事情,眼睛其实是胆小鬼,行动才是巨人。此时如果放弃,意味着没有任何机会了。

人们在作出小决定时,往往靠大脑把利弊罗列出来,分析判断;而当需要作出重大抉择时,往往依靠的是潜意识——以心灵深处最大需要为依据。

律师的职业荣誉来自仪式感,披袍上阵的感觉会让自己高贵起来!律师,你可以做一辈子,但要格外珍惜和爱护自己的羽毛。

面对滥权,若做一个声色俱厉的律师,除了精通专业以外,一是杜绝收黑钱,收费要有合法依据;二是不去色情场所,甚至连公共浴池都别去;三是严防酒后驾车,喝酒之后连驾驶室都不要落座。

刑事辩护是一项对心理、生理均极具挑战性的工作,它要求辩护律师具有足够的精力和体能,在各种绝望和失落中,以平和的心态继续寻找解决问题的方案;它要求辩护人直面人间百态,人情冷暖,却不动声色。专业与敬业,热情与理智都不可或缺。如果不具备上述能力,就不适合做刑辩律师。

法律顾问,靠的是解决法律问题的方案或经验;出庭辩护,凭的是静如处子、动如脱兔的智慧精神和语言艺术。律师是体现个人能力和价值的职业,没有能力和专业本领,你走到任何地方收获的可能都是冷板凳甚至是白眼。

情　怀

无论是工作，还是生活，律师做任何事情都应该有仪式感，包括每天按时上下班，整理内务，整理卷宗……最好适当有点"强迫症"。唯其如此，律师才能养成社会责任感和责任担当，并更容易获得当事人的认同。

不少年轻律师有一种思维方式——"等我都准备好了再说！"其实这是个伪命题，是永远不可能出现的状态。因为很多事情特别是非常复杂的事如不开始做，根本就不知道该准备些什么，也没办法"都准备好"。认识了这个真相，下一步该怎么做就很清楚了。

作为律师，很多时候我们选择了行动并执着，不是因为欲望，也并非诱惑，仅仅是听到了自己内心的声音！

"法，不能够让不法！"律师的背后没有公权力作掩护，唯有专业、自律、勇气能够与不法者"掰手腕"！

律师不是学了法律的人都能做的——专业不精、品行不端、敷衍了事，好大喜功，生涯的开始就是结束。

如果我们所提供的解决法律问题的方案或经验与其他律师没有任何区别，甚至于可以轻易被取代，那么我们在当事人心目中的价值就远远低于我们的预期。这也是很多律师艰难苟活的原因。

信任始于真诚，终于套路。做律师解决法律问题，如同拿手术刀的外科医生，来不得半点马虎。

有律师同行问我:"同样是律师,为什么能力和收入却是天壤之别?"答:"是习惯,包括工作习惯、生活习惯和思维习惯。律师之间的差别,其实是这些习惯的差别;而律师习惯的形成,往往是由成千上万个习惯性细节叠加而成的累积效应。"

律师属于专业人士。没有白费的努力,更没有巧遇的成功,一切无心插柳,其实都是水到渠成。正是多年的苦心积累、用心耕耘,才造就今天的看似毫不费力。

严厉地点评了一个年轻律师:"没有人有义务透过你邋遢的外表去发现你优秀的内在品质。你必须干净、整洁,甚至是精致,这是你做律师、做人的基本与尊严,不分男女。"——越来越理解"以貌取人"的积极之处。

什么是律师职业化?

不需监督、鼓励、提醒,随时找到自己的定位,随时进入角色,瞬间进入状态,玩时潇洒倜傥,做事认真负责,无须他人安慰、外界帮助即能自我消解不良情绪。不因压力而乱了方寸;不因挑战而丢了信心;不因利益而弃守原则。

人生所有的惊喜和好运,都是用良知累积的善良,做一个秉性纯良且内心坚定的人——温暖自己,照亮别人。

读历史可以拓格局、知兴替;读哲学可以明事理、促思维;读古汉语可以辩才无碍。

情 怀

学习历史、哲学和艺术,是当代律师的必修课。因为格局、智慧和灵感,都不会凭空产生。

孔子所说的"四十而不惑",不是指没有困惑,而是指懂得如何去进行判断,尤其是价值判断。

努力的意义,并不仅仅是为了金钱和名誉。最重要的是,它让你认清自己,让你看见原来自己还有这样的一面——可以跨越重重荆棘,可以爆发出巨大潜能,成为非常能干的人。

有的人,即使一败涂地,也可以东山再起;有的人,只需一个拒绝,就会万念俱灰。心胜则胜,心衰则衰。

生命有长有短,但生命的价值就在于几个关键的瞬间。人生的十字路口没有红绿灯——全靠自己拿捏。

万物有灵,善良以待。

"不必焦虑"——生活坏到一定程度就会好起来,因为它无法更坏。行动过后就会明白,许多事情坚持坚持就过来了。

你别以为,淡泊名利就不用去奋斗。在这个多变的时代,仅仅是维持现状,也必须马不停蹄。

淡泊名利，则意味着独立；独立，则意味着物质和精神都无所依赖，只能靠自己努力获得。故，越是淡泊，越是要努力，按"淡泊名利"之价值观选择努力之方向。

除了经济利益外，人还应当慢慢靠近高尚的灵魂。

必须不断地学习，构建自己的知识体系和思维体系，才能做一个严格意义上的自由人。

其实，人不是慢慢变老的，而是一瞬间变老的。僵化、迂腐、固执都是衰老的表现。

儒家有些东西，你可能很喜欢，但不要完全信；法家有些东西，你可能很痛恨，但你天天都在接受它。

春风得意时，布好局；四面楚歌时，才有路。

找不到最好的办法，那就选择一个最不坏的办法。

人的"意志"，家长无可奈何，书本里学不到，老师教不会——只有自己有意识地劳筋骨、饿体肤才能获得优良的意志品质。

无论你正经历着什么，过得是否开心，世界不会因为你的疲惫而停下它的脚步。无论黑夜多么漫长，黎明始终会如期而至。

情　怀

选择了安逸，就不要羡慕别人充实精彩；选择了惊涛，就无须向往岁月静好。

真不是危言耸听：要时刻提防被人栽赃陷害，无论有无事实，都有可能在程序上被人坐实，还无处申冤，无论你是什么身份！

工作中发生的事情，如果合乎理想，是我们的运气；如果不是，权当作经验积累。

事实上，说你好、说你不好的可能是来自同一批人。你若心智正常，专拣对自己有用的听就好了，然后展翅飞翔，奔向自己设定的远方。

人的一切都应该是干干净净的——无论是面孔、衣裳，还是灵魂、思想。

读书多了，形象包括容颜都会自然改变。许多时候，我们自己可能以为许多看过的书籍都成为过眼烟云，不复记忆，其实它们潜藏在我们的气质里、谈吐上、举手投足之间，当然也可能显露在我们的生活和文字中。

维持良好人际关系的关键，其实并不完全在于你对他人的友善程度，而是在于你的实力强弱。现实中，人们普遍会对强者更宽容，为尊者讳。如果过度友善，反而会被人当作廉价的示好。

所谓语言能力，是指把复杂的事说简单，把烧脑的事说得通俗，把严

肃的话说得不恐惧,把存在的危险说得有余地,把安慰人的话说得暖人心,把回答询问的话说得合法合理,把很艰难的话说得有盼头。

小的改变,只需从行为入手;质的飞跃,需要从灵魂深处开始。

金钱是事业的副产品,事业做好了,想不挣钱都难。如果是奔着钱而去,终将被钱折磨得死去活来。

任何一种长期单一模式的生活,都是对自己不负责任的。明知有多项选择却不去主张,更是错上加错。为了所谓的"稳定",等着拿退休工资,再等着患上老年痴呆症而了此一生,更是对自己最大的不道德。

一个人的性格决定他的境遇。如果你喜欢保持你的性格,那么,你就无权拒绝你的境遇。

朝着一个方向坚持和努力,是把任何事情做成的秘密。

情 怀

操守篇

一言一行,皆是律师个人品牌。

"相对于公权力而言,律师在整个国家的法律体系当中是私权利的体现和代表。律师,永远是法治天平上的另一端。"

陀螺转得再快,也只能在原地打转;火箭飞得再慢,至少是每秒7.9公里的速度才能飞离地球。陀螺型律师,靠的是体力,而不是专业与智慧。虽然律师需要有很好的体力支持,但更需要高的专业能力和健康的心智。

凡事有交代,件件有着落,事事有回音——律师必须养成的工作习惯。

"我在担心你能不能做律师!律师的基本操守——遵守规则,讲究程序,崇尚理性,合理谨慎。"

事实上,学了法律、取得学历、过了司法考试,并不意味你当然就可

以成为律师,而且大部分过了"司法考试"的人都因为自身原因与律师无缘,难圆"律师梦"!

律师的专业性、实践性、综合性、社会性等,要求律师必须不同于其他职业的特殊要求——律师,关系到当事人的身家性命!

律师,千万别把自己混同为一般人。

律师能办"细碎"的案件(虽然有不少细碎的案件法律关系非常复杂),但并不当然代表能办重大疑难复杂案件,这一点如同医生看病。

重大疑难复杂案件,考验的不仅仅是律师的专业能力和经验,更重要的是考验律师的心智。

律师应当忠实于自己的内心感觉,认真办好每一件案子,不要烦,不要放弃,更不要敷衍。

现在的时代缺的不是聪明,而是专注。如果没有专注力,做什么事都只是蜻蜓点水,再聪明的人也很难做成像样的事。

你有多自律,就有多自由。

"人生永远没有太晚的开始,真正晚的是你从未开始。"

律师是一个行动、思想、灵魂都在路上的职业,你只要稍微站一站、停一停就会被落下。要把自己当成勤奋的律师新人,才能保持生机盎然。

情　怀

　　规范、活力、进取、超越——专业和操守,是律师及律师事务所的两只"风火轮",并成为律师事务所竞争力之源。

　　有人将恶意藏在夸赞下,也有人将苦心掩在骂声中。身为律师,要为法治建设和社会文明进步发声!

　　律师,不向客户提供收费标准、胡乱报价、长期低价收费倾销,既影响律师事务所品牌建立,又会把律师个人的身价拉低。长此以往,必然会使律师不在案件上下功夫,更谈不上提高办案能力,以致律师及律所法律服务水平及质量大幅度下降。

　　年轻时,要警惕被别人打乱自己的人生节奏。拿破仑:"露脸和现眼只差一步。"

　　律师不仅要做个明白人,而且要有真本事。因为你在制定解决法律问题的方案,或提供解决法律问题的经验,抑或在出庭辩护时,没有他人能够帮助到你。

　　我们都需要活得体面——不仅外表堂堂正正,内心也要光明开朗。

　　关于风险防控,有人问我:"为什么有时会出现'好人没好报'的结果?"
　　俗话说:"害人之心不可有,防人之心不可无。"但是很多的好人,由于其品德高洁,骨子里就是好人,其内心、行为都表现为是好人,但同时也往往不知道坏人如何使坏,缺少必要的"防人之心",更不知道如何去"防

人",所以有时好人没有获得应有的好报。

很显然,我们不仅要做个好人,还要懂得如何识别坏人、对坏人进行必要的设防。

守"道"的人,往往不知道"术"——能力不平衡。因此,我们一定要成为德才兼备的人,才不会落入坏人设下的"坑"。

你如果是个讲原则的人就不用怕得罪人——有担当的人谁都敬重他三分。时代不同了,"老好人""两边下注""刀切豆腐两边光",根据我的观察,不仅不会占到任何便宜,而且最终可能还逃脱不了人生坏结局。

回望眼,越来越觉得——优于别人,并不高贵,真正的高贵应该是优于过去的自己。

风雅之人,沐雨临风不自傲,披星戴月不言伤。心似莲花,何惧浮华?

我有一位比较熟悉、做了五年律师的同行问我:"王主任,按理说,我也很努力,也很勤奋……但我感觉在律师行业做不下去了。"我回答他:"不专注于提高业务能力,靠营销手段接业务,而且低价揽案件,最终在律师行业中把自己给做'烂'了,必然出局。但你看看,有小部分律师,不断钻研业务,提升办案能力,产生累积叠加效应,身价自然上涨,最后站到行业高端。"

律师是实现个人价值、彰显个人能力的职业,是以"案例为王"的职业。

情　怀

如果年轻律师的心思不放在提高办案水平上，而是整天想着如何靠忽悠客户来"卖拐"，这实际上离诈骗就是一步之遥——轻者让自己在行业内流离失所，重者会有牢狱之灾。

为什么不能耍"小聪明"？给出四点理由：一是玩小聪明的人，常施以小计就能得利，难有大的格局；二是玩小聪明的人，因为很容易占到便宜，往往不去努力奋斗，更不愿意坚持；三是玩小聪明的人，玩几次就会被人识破，导致人际关系疏离，人生机会逐渐丧失；四是玩小聪明的人容易获得小便宜，往往会被险恶之人利用，易导致人生万劫不复。

我创办的"安徽王良其律师事务所"自2006年成立以来，一直奉行"专业见长"的立所之本，从不与任何办案机关办案人员通过"勾兑"办理案件。我很自豪地说："本所律师的任何一单法律业务，均是通过全体律师出色的专业能力、优良的道德品质、严谨的执业操守，并通过市场竞争得来的！"

现在的开庭，不同于过往开庭。开庭都是"高手过招"！律师若没有点真本事，开庭就是"活受罪"——庭审直播、众目睽睽，除了专业外，没有谁能帮得了你！

我每年辩护的一审案件最多五件，加上二审、重审的案件总共不能超过十件。否则，就有糊弄当事人之嫌了。

有当事人来所里要我代理二审上诉，我说没有档期不能收，他以为我是担心律师费，说："您不用担心律师费啊！"我说："时间确实安排不过来，我不想坏自己名誉，我可以帮你推荐其他律师，我真的没有时间和精力了。"

律师情怀
LUSHI QINGHUAI

刑辩律师，在当事人抱很大希望时，要适当浇凉水；在当事人绝望透顶时，要升火焰。无论是浇凉水，还是升火焰，律师都要本着理性诚实的原则帮助当事人理清思路，不可有莫名无源的自信，更不可摧毁当事人的意志。

数学里有一个最美的词叫"求和"；数学里有一个最绝望的词叫"无解"。其实，数学不是数学家发明的，而是由泰勒斯、欧几里得、苏格拉底、柏拉图、亚里士多德、笛卡儿等一大批哲学家们在探索、追问世界的本源过程中逐步发现的。

数学，是人类探索宇宙世界本源的思维逻辑方法与工具，也是人类理性思维和行动不可逾越的自然法则。

刑辩律师辩护，如同做数学函数题，在辩护过程中适时增加"自变量"，才有机会改变判决结果的"因变量"。那种事先拍胸脯承诺判决结果的律师，要么是骗子，要么是吹大牛另有所图。

一个在职场中经常毁约的人，其实是在透支他人的尊重和信任。也许这个透支过程会带来小恩小惠，不会立刻付出代价，可一旦信用破产，所有的开始就是结束。

优柔寡断、患得患失的人是不适合选择做律师、更不适合做刑辩律师的——他既不能承受当事人转移过来的巨大压力，也不能帮助客户在两难时正确定夺，更不能成为当事人关键时刻的主心骨。

情　怀

　　律师与学者的思维模式的区别：学者，把小问题放大；律师，把大问题变小。

　　律师属于专家型人才，注重解决实际问题；学者属于理论型人才，注重学科学术水平提高。

　　规定性思维，别人会教会你；反思性思维，只能自己用理性独立思考。

　　失去了良知，就等于失去了护身符。善良，有时可以救你的命！

方法篇

技术,是获得经验后总结出规律;科学,是提出假说后再小心求证。所以,技术与科学的思维方向相反。这也是我们判断什么是技术、什么是科学的基本思路。

宇宙是摆在人类面前永远打不开的钟表,但人类要用逻辑思维论证它的内部构造,这应该就是科学。火药、印刷术、造纸术、指南针都属于技术范畴的发明。

律师的独立判断力非常重要。人云亦云,轻易就能被人说服而放弃坚守,这样的律师很难维护好当事人的权益。提高自己,远比迎合别人有用得多。

设计发问,是刑辩律师的重要功夫,你可从这里开始训练:"某人从西装左口袋掏出一支笔,然后在桌子上的纸张上写了20个字。请你将这些动作设计成20个问题。"

实践中,只要证人开口讲话、法官不干扰,我就有办法让证人讲出真

情　怀

相——我从不担心证人作伪证！公诉人的唯一办法，就是不让证人出庭。

有律师同行问我："法庭上，为什么王主任发言似行云流水，胆子那么大？"答："不是我胆子大，而是我紧紧抓住以审判为中心、以证据为中心、以程序正义为中心的原则。"

专业、自律、敬业，是支撑律师的三个支点。

律师是一个需要通过"日积月累"才能产生叠加效应的职业。那些能力被证实的律师，都是在行业内深耕多年、清楚行业本质，并积累了众多资源的律师。

流金岁月，正在经历的孤独，我们称之为迷茫；经过的那些孤独，我们称之为成长。

没有人可以和工作讨价还价，所以要成为更好的律师就一定要努力。

别人都想做的事情，要比别人抢先半步；别人都不想做的事情，撤退时放慢半步。

律师是实践性、社会性很强的一种职业，凭的是工作业绩。而且，律师做专业了、做久了、做顺了，也就做简单了——良其现在谈律师业务，似乎不用谈专业、谈能力、谈品行操守，当事人直接要求报价格。因为，良其给安徽众多驰名企业做过至少五年、十年，甚至十五年以上的常年法律顾问。

律师,应保持阅读和行走的习惯。读书和行走可以帮助你建立自己的逻辑体系和判断能力。

读无用的书,随时可能有大用处;读实用的书,一旦没用上可能等于没读书。

有人问我:"我年龄有点大,现在做律师是不是有点晚?"我回答:"任何时候都可以开始做自己想做的事,希望你不要用年龄和其他东西来束缚自己。年龄从来不是界限,除非你自己拿它来为难自己。"

这辈子感觉最幸福的事,除了法学专业外,就是接触了哲学、历史、文学与修辞。浓墨重彩的是军旅生涯——对我的律师生涯形成强有力的助攻!

律师作为解决法律问题的专家,其思维方式在于如何"把书本读薄"。

"低价律师",普遍存在工作积极性不高,提升律师业务水平动力不足,精神倦怠。

律师要克服低价揽业务的诱惑。低价揽业务,不仅行业规则不允许,而且是一种自裁行为,久而久之不仅给自己贴上了"价低质次"的标签,而且迟早会被挤出律师行业。

律师在写《代理词》《辩护词》时应做到:标点符号用准确,不写错别字,例如"的、地、得""声明与申明""必须与必需""启示与启事""年轻与年青"的区别使用;句子结构完整、句子成分不残缺,行文顺序符合阅读习惯,让阅读者产生接受你的主张的心理反应。

情　怀

律师，是一个需要用长时间积淀的职业，要用事实和案件说话。律师在当事人面前还是诚实点好，正派点好，认真点好。

"谋事在人，成事在天。"律师办案，就像运动员参加比赛，要把每个动作完成好，金牌是水到渠成的事——不要光想着拿金牌。否则杂念太多，不仅收获不到金牌，可能还会从单杠上摔下来，把自己给摔残废了。

"尽人事，听天命。"律师要真辩，不仅仅是职业道德，而且是职业伦理。

高调做事，可以让律师更优秀；低调为人，可以让律师更稳健。

律师，工作时可高调一些；生活中要放低调一点；独处时要自律。

再强大的焦虑，也会败在行动力和坚持面前。如果你问我时光和努力到底有什么意义，那就是变成更好的律师并附加独一无二的自己。

上午接待一当事人亲属，她的先生在六十六个被告人中排在第一位，之前她已为其先生聘请过律师，但她仍坚持要请我辩护。我告诉她："一是我今年手上案件多、时间紧，我是用心对待辩护工作的人，不想降低辩护质量；二是你已经请了两位律师，不要轻易变更律师；三是变更律师成本也很高，是否有必要？"但她坚持要请我，说"人比钱好"，叫我再认真考虑一下。我叫她回家再仔细考虑一下，想想我讲的话是不是有道理。

做律师多年养成的习惯：入酒店之后，谁半夜敲门我都不会开门——

因为你不知道门外是什么情况。

曾遇警察敲门,我叫他把证件从下边门缝里投进来让我看,结果伸进来一本证。我接着说,警察执行公务至少是两人,请把另一本证也伸进来。结果,他们照办了。

经常有同行问我:"王律师,为什么胆子那么大,不担心给自己惹麻烦吗?"我回答:"一是正义之心、正义之举;二是专业见长,业务熟;三是二十七年执业经历,遇到过许多'鬼',也能识别'鬼';四是自律,没有明显的道德软肋;五是曾经的军旅生涯造化,关键时刻敢于亮剑!"

出庭意识淡薄,开始害怕出庭,甚至长期不出庭,不敢真辩,不敢在法庭上与人"掰手腕",无论你曾经是律师行业多大的"牌",都意味着你已经开始淡出律师舞台。

律师的办公室布置有很大的讲究,布置得当,可以展示律师的专业与情怀;布置得不好,会给当事人带来局促与不安。

"过分节俭会削弱品牌。"律师事务所应当舍得投入。这不仅能为律师创造良好的工作环境,也能使当事人产生踏实感从而对律师产生信任感。

本律师多年保持的习惯:下班之前把办公室收拾整齐,卷宗有序摆放,物品错落有致,重要材料锁入保险柜——第二天上班,面对的是一个一尘不染的办公环境。

律师，一定要正派、干净，不染尘埃。

自信，不要让不良情绪困扰你二十四小时。所有困难都会过去，因为太阳每天都会从东方升起。

情怀篇

良其曾有过军旅生涯，这是我人生进程中最大的助力！对于战士来说，部队作训的过程，就是将土烧成陶的过程，即便成了碎片，依然区别于土——每一块陶片依然坚硬，每一块陶片都散发出不同于土的特质。

竞争力，是为行动增强力量；良知，是为行动掌握方向。
如果做不到对别人狠，那就对自己狠一点；把自己变狠了，也就没有人敢对你狠了。

基本上不对他人抱有期待，削减对别人评价的在意，专心做自己热爱的律师。虽是辛苦，但我还是会选择凿空的人生。
司马迁在《史记》中将张骞出使西域称为"凿空"。中国律师在法治的道路上何尝不是"凿空"？

不管外界怎样看待律师，但我已把律师作为毕生的事业追求——矢志不渝。

男人应有风骨，应具备血性与理智相融合的优秀品德。男人的品德是灵魂的体现，理智、沉稳、冷静，是一个男人应有的品质。风骨，是男人的灵魂。

律师在法庭上的竞争力，有一大半都是由与法庭联系不紧密的事来决定的——读历史、读文学、读哲学，锻炼身体，与智者交朋友，提升道德品质。

许多法科生不读哲学，不读历史，不读文学，不知道审美，所学仅限于法学一隅，触及不到法学的灵魂，最后成长为"三条"——知识仅是法条，思维就如线条，意志软如面条。这些法科生没有基本的人文修养、美学修养，对公平与正义缺乏基本的感知能力与判断能力，即使从事律师工作，也是用眼花缭乱的法律技巧为自己麻木的内心甚至邪恶辩护。

人生在世，许多舍不得放弃的东西，其实是"沉没成本"。若不愿舍弃沉没成本，将会付出更大的"机会成本"。

良其曾有军旅生涯，良其的两位老首长，一位是少将，一位是中将，还有一位同年老乡是武警新疆总队少将。记得前年我乘高铁从北京回合肥，在商务舱里遇到了司令员。我主动上前给司令员行了一个军礼，说："首长对我可还有印象？"司令员眯了一下眼，端详了两三秒钟，说："你不是搞法律工作的小王嘛，我们是战友，怎么会没印象呢！"当时确实让我很感动。我之后跟司令员聊天，开玩笑地说："首长就是首长，乘高铁是

商务舱！"司令员风趣地说："你小王不也坐商务舱嘛！"我说："首长坐商务舱是将军待遇，我坐商务舱可是自己花钱买的。"司令员道："你能自己挣钱乘商务舱，也很了不起！"

司令员不仅风趣幽默，而且说话艺术性很强，充满爱心。

血，总是热的！

能够成功将"战袍"转换成"律师袍"，要感谢在武警部队的光辉岁月——三年的超强度军事训练，不仅练就出过硬的军事素质，更是锻造出坚韧的意志品质！

"上穷碧落下黄泉"——辩护律师应当具有"我不下地狱，谁下地狱"的责任与担当。

日益努力，而后风生水起。众生皆苦，你吃些苦也算不得什么。

真风雅都是从附庸风雅开始的。

感谢生活，有剥夺也有馈赠——读好书，喝好酒，交好友。

律师，既不是"铁饭碗"，也不是"泥饭碗"，而是"瓷饭碗"——律师要倍加珍惜自身。

许多"心灵鸡汤"为什么有毒？因为熬鸡汤的人是站在他的角度给你"熬鸡汤"，而这个角度对你来讲则是永远无法抵达的"彼岸"——为了到达这个彼岸，你可能会终其一生甚至为此付出生命。

情　怀

生命只有一次，怎能让它不多彩！

此生无野心，只做业界良心。

刑事篇

　　刑辩律师的工作，就是在鸡蛋里面"挑骨头"，只要鸡蛋里面有骨头——我曾在全省公安局长培训班上与学员交流时这样说过。而且，这是一种避免冤假错案、保障无罪的人不受刑法追究的法律制度设计和安排。因此，只要刑事案件一立案，不管侦查人员喜欢不喜欢、高兴不高兴，辩护律师都会如影随形地跟在侦查人员后面"挑毛病"。侦查人员要适应在监督下展开侦查工作，以降低错案发生率，充分保障公民人身权及财产权。

　　有律师同行问我，刑辩律师应如何办理所谓的"重大敏感案件"？我回答："业务要熟、规范执业、严格自律。尤其重要的是政治问题要法律化，法律问题要证据化，证据问题要精细化。"

　　律师辩护，应讲究"谋事在人，成事在天"，应在"辩护"上下真功夫，否则辩护工作就会失去支撑点和意义。忘记了自己的辩护人角色，过于现实和市侩的辩护律师最终会把自己的刑辩律师角色"辩没了"。

情 怀

"尽人事，听天命"应当成为刑辩律师的工作心态，虽然有时无可奈何。

律师为职务犯罪辩护，要把握住两点：一是律师要拿到一份严格意义上的无罪判决实在很难，但律师可以提前介入，即在开庭审判前提出自己的辩护意见并提交公安机关或检察机关，就能够有效地将无罪案件挡在审判之前；二是变"消极辩护"为"积极辩护"，即不能仅通过阅卷去进行"以其之矛，攻其之盾"式的辩护，而是进行"以我之矛，攻子之盾"的辩护，这就需要律师通过调查取证，用新的、颠覆性的观点去立论，用新的证据去反驳。

律师制定庭审辩护方案，要做到"全面布局，重点发力"——全面布局，是为防止策略疏漏；重点发力，是为了集中力量颠覆对方。

"认罪认罚"，只不过是为了在量刑时增加一个酌定从轻情节，而且法院最终买不买账还非常难说，并不能就此改变被告人的命运，更不可能成为被告人摆脱牢狱之灾的救命稻草。

如果你是法官，请你慎用审判权，坚持"无罪推定""罪刑法定""疑罪从无""保障无罪的人不受刑法追究"。

如果你是检察官，请你慎用批捕权、慎用公诉权。

如果你是律师，请你仗义执言，真辩、善辩，为蒙冤者竭尽法律所能。

如果你是警察，请你良善执法，闪耀出人性的光辉。

商事篇

谈判,是寻找妥协点的艺术。谈判之前,首先要建立"筹码",没有"筹码"的谈判不可能占得先机或优势。另外,谈判过程是寻找双方利益"契合点",而不是吃掉对方。

开始从事律师职业却不上法庭,直接进入非诉讼领域,很难树立律师个人职业自信和专业权威。严格地讲,这些律师都不能算是真正意义上的律师——没有办案积累,你所提供的解决法律问题的方案,只能算是摸着石头过河、盲人拄着拐杖探路。

当下,有不少单位聘请律师服务需要通过招标途径,还美其名曰"公开招标能招到更好的律师"。

其实,招标聘请律师的做法不仅是个伪命题,而且是劣币驱逐良币。因为律师服务不是标准化服务产品,而是个性化的针对性服务。不同的律师、不同的工作方法,其工作成果往往会大相径庭。对律师服务进行招标,

情　怀

其结果往往是低质量、低品质律师，因低投入、低价而中标，而高品质、高端服务律师往往由于成本高、身价高而在投标中处于劣势。

律师办案，如同医生动手术，你见有哪个病人看医生时是通过招标方式选择医生的？

合同是社会经济生活中的桥梁与纽带。因此，我在给企业管理人员上法律课时，都将对合同内容的审查作为重点内容中的重点来说。

关于对合同条款的审查与把关，重点是以下几个方面：

第一，法人主体的审查内容。包括营业执照审查，查询工商登记，核查企业法定代表人个人信息；承揽合同、施工合同要特别注意资质或资格审查；注意公司股东或管理层频繁变更引发的企业经营风险和诚信风险；注意股权频繁变动的诚信风险；注意公司法人的授权及合同批准，根据不同的合同内容，包括需要经过股东会授权，国资委审批，矿产管理部门的审批，金融机构须证监会审批。

第二，自然人主体的审查内容。包括身份证件审查，防止伪造的证件，必要时要核实自然人提供的户口本。重大合同包括贷款合同、投资合同、大额房产交易等，应当去派出所核查户籍资料；委托代理人授权委托书要进行公证。

第三，对合同主要条款的审查。其中，主要条款是指影响合同成立的条款，包括当事人、标的、数量；不影响合同成立的条款叫一般条款。应当采用当事人的法定名称或姓名，对名称要进行仔细核对与确认；合同签署时应当面对面签字，并加盖骑缝章；对于文盲当事人签署合同时应当要求其在合同上按手印确认；当事人银行账户、住所、联系方式应当明确具体；数量条款应当使用法定计量单位；质量验收应当注意验收标准和质量异议

期；履行期限、地点和方式应当具体、明确。

第四，对合同效力的审查。合同可以约定附条件，也可以约定附期限。附条件与附期限的区别是：约定的条件将来是否发生不确定，则为附条件；约定的条件将来必定要发生，则是附期限。

第五，格式合同的审查。反复使用未与对方协商合同条款，应当根据公平原则确定权利和义务；由一方提供文本但不是反复使用的合同，则不是格式合同。提供格式条款的一方对格式条款中免除或者限制其责任的内容，在合同订立时应采用足以引起对方注意的文字、符号、字体等特别标识，并按照对方的要求对该格式条款予以说明，而且提供格式条款一方对已尽合理提示及说明义务承担举证责任。

第六，对合同违约责任的审查。违约责任的约定要具体明确；违约责任要针对不同的违约行为进行设定；违约金不能超过实际损失的30%，如果过高则可以使用"惩罚性违约金"概念来约定。

第七，为促使对方履行合同，可使用威慑性条款，并要求对方为其自身情况提供保证与承诺。

第八，对合同中解决争议的方法的审查。不要约定专属管辖和级别管辖；谨慎选择仲裁条款。

任何人作为社会成员，订立合同已经成为经常遇到的事。因此，律师无论是作为企业法律顾问单位或为合同当事人在对合同进行把关时，应对在订立和履行过程中的注意事项进行阐述。

第一，重大违约与一般违约。不履行合同叫重大违约或严重违约，不影响合同目的实现的其他违约叫一般违约。有些情况下履行合同不符合约定时间也可构成重大违约，如季节性产品、鲜活产品买卖合同。

第二，不可抗力与情势变更。

不可抗力，是指在订立合同时不能预见、不能避免并且不能克服的情况出现而导致合同不能履行；不可抗力，既有自然现象，也有社会原因。

订立合同时无法预见的、非不可抗力造成的、不属于商业风险的重大变化叫情势变更。情势变更的原因主要是社会原因，包括经济原因和政治原因。

不可抗力与情势变更之区别：不可抗力导致合同不能履行；情势变更导致合同艰难履行。

第三，合同与补充协议。合同主体与补充协议主体应当前后保持一致。由于补充协议往往是对原合同内容进行修改或变更，因此对补充协议的审查与把关应当更加谨慎。

第四，原件与复印件。复印件应当与原件核对，并由复印件提供者签名或盖章确认，使复印件具有原件的效力。

第五，借条、欠条、收条和领条等条据，因具有不同的法律性质，因此在经济活动中不可乱用。

第六，合同签订与履行有代理人或经办人的，要注意其是否具有授权委托权限；合同签订要注意保存授权委托书。

第七，解除权与撤销权。解除权是消灭已存在的合同关系，由当事人行使；撤销权是消灭效力未定的合同关系，只能通过诉讼行使。

第八，形成权与请求权。帮助我们在合同纠纷诉讼中分清是确认之诉，还是给付之诉，以便正确列明诉讼请求。

第九，诉讼时效与除斥期间。诉讼时效是丧失胜诉权，实体权利仍然存在；除斥期间期限过了之后实体和程序权利全部消灭，且不能中断、中止和延长。规定诉讼时效是为了保护旧的经济秩序，规定过了除斥期间后

实体和程序权利的消灭是为了保护新的经济秩序。

作为公司常年法律顾问,应当经常对公司高管及财务人员发出财务风险控制提示。

第一,公司应杜绝违规承包经营。特别是违规进行内部承包;杜绝发包后放任管理,派出财务人员以加强财务制度及管理;坚持由公司总部统一结算、总部采购或由总部统一对外支付,严格控制分公司赊欠原材料;对人员,特别是农民工工资要加强管理,要建立人员花名册台账制度,并监督工资按时发放。

第二,付款要有依据。既要对订立合同、合同履行情况进行审核,又要对凭证单据的真实性、合规性进行审核,同时还要对领导审批、付款,甚至对在合同中约定的账户进行审核。

第三,收款、收入要入公司统一收款账户。公司安排的收款人领用收据或发票应实行严格登记核查制度,而且在订立合同时应将收付款银行账户写在合同文本上。

第四,公司应加强对资产特别是资金的管理。坚持日清月结,账实相符,包括现金、银行存款、票据等有价证券;固定资产管理;不定期检查,实行内部轮岗。

第五,汇票管理。公司财务人员要特别注意这些有关汇票事项:有价证券;文义证券;无条件支付;背书转让;随时贴现;遗失可公示催告但不可以挂失;按现金管理。

第六,防止利用汇票诈骗。收到汇票时,可送至银行确认汇票真伪及有无被人民法院公示催告;即时提示兑付;公司内部建立票据备查账制度;票据背书过程中要请接收方出具收条;收取汇票时应当加盖与公司发生真实交易的购买方背书印章；签订合同时应约定"遇到恶意挂失或遇人民法院公示催告时，供货方有权向购买方追索货款"等内容条款；加强内部管理，制定背书、到期提示兑付制度流程；尽量收取银行电子承兑汇票。

第七，应收账款管理。公司对应收款应向债务人询证核对，及时清欠；对于长期不能收回的应收账款进行账龄分析，必要时应通过诉讼清收。

对于公司滚动开展的业务，应加强合同管理并逐一编号；业务人员要定期与客户对账，每三个月内至少有一次对账，并由合同双方书面确认；逐笔核对，并与每份合同一一对应，不允许全部业务"打包"裹在一起滚动；赊欠款由公司集中处理，不宜由各部门各自处理。

第八，股权、资产处置。公司股权、资产依公司章程规定处置，并办理批准程序。批准程序一般包括股东会决议处置；董事会或总经理办公会决定处置；国有资产或股权报国资委审批。

第九，审慎对外担保。除公司章程有规定外，对外担保要经过公司股东大会批准。

第十，加强印章管理与使用。公司印章应安排专人保管、分别保管，并达到"任何一人动用不了任何资产或资金"的印章使用控制标准；业务人员不得保管印章；落实公司印章不出门制度。

第十一，防止职务侵占、商业贿赂、挪用资金。防止员工私收业务款，业务人员变动及时告知业务单位；防止伪造业务单据，加强内部审核；私收回扣、挪用资金归个人使用超过三个月未还的、从事营利活动的、从事非法活动的，要依法向公安机关报案处理。

第十二，公文管理。对于收文，每一件都应有人负责处理完毕；对于发文，实行定稿审查和审批制度；对于空白介绍信，实严格实行编号管理，领用人登记、领导审批。

民事篇

民事主体在民事活动中"法无禁止即可为";行政机关在行政过程中"法无明文规定不可为"。

行政机关作出影响行政相对人权益的行政行为,不仅要有实体法依据,而且必须遵循正当法律程序,包括事先告知相对人,向相对人说明行为的根据、理由,听取相对人的陈述、申辩,事后为相对人提供相应的救济途径等。

公权力如不受监督制约,就会被滥用,以致出现腐败。同时,公权力还有自我扩张的特点,并有"经济人"的缺陷,即"权力寻租"。

律师给客户提供的是解决法律问题的方案或经验,而不是其他。所以,一个优秀的专业律师不是三五年就能炼成的。

合同权利与义务关系明确的合同,一百个人看过之后都应当是一个意思。如果不同的人对于合同条款有不同的理解，这种合同在实践中是很容易产生法律纠纷的。

无论是自然人，还是法人，在起草任何具有法律意义的合同过程中，使用任何字、词、词组、短语及长句时，对其概念的内涵及外延都要十分清楚和明确。对于涉及合同当事人合同权利的主要条款，一定要使用法言法语。

"股权交易"，公司在发生增资、扩股、增资扩股以及信托融资、私募融资、担保融资等情况时经常使用。如果执业律师不懂得如何进行股权交易、不懂得如何签订《股权交易合同》，这会造成执业律师业务上的短板。

过去多年，在给全省新入职律师进行业务培训时，我必将《股权交易合同》内容作为"礼物"送给大家——这是执业律师提供高端民商事法律服务必须掌握的工具。

股权交易应当注意以下方面：公司股东的确认及基本情况；公司设立时的基本情况及股权变动情况；公司股权交易前债权债务的确定；公司资产范围确定及权证确定；财务审计和资产评估；或有负债的处理和承诺；股权价格的确定，一般以公司净资产额为基础，结合资产质量与公司营利能力确定股权交易价格；股权价款的支付方式；公司股权交易前的滚存利润的处理；股权交易税费的负担；股权交易合同的审批，外资股权交易的审批包括批复、股东会授权包括股东会决议、国资委审批包括批复、银监会和证监会的审批包括金融机构和上市公司股权转让；公司章程的修改；工商登记变更手续的授权经办人；不能完成股权交易情况下的损失和费用处理；信托融资、私募股权、担保融资条件下的股权回购。

关于婚姻：嫁的人是谁，很重要，因为他决定着你一辈子的生活状态；娶的人是谁，更重要，她很有可能决定着你一生的层次和高度。不要将就地嫁，也别违心地娶。

爱情与婚姻不是同一回事；"门当户对"不是最好的婚姻，但可能是最合适的婚姻。

了解一个人，可以通过他（她）母亲为人、交什么样的朋友、平时读什么样的书等，即可知晓。

总结了不少离婚案例，发现导致离婚的不是吵架，而是吵架的方式。争吵中一方表现出轻蔑的态度，取笑对方，喜欢冷战，让对方困惑抓狂……这些吵架方式一定会危及夫妻关系。

但如果吵架时避开这些陷阱，坦诚表达自己的想法和感受，不仅不会离婚，反而有利于维护婚姻关系。

开庭时，法庭调查过程中《质证意见》书面化，不仅可以让律师辩护思路更加缜密、细致而丝丝入扣，还可以克服庭上质证过程的随意性。与此同时，在写《质证意见》的过程中，辩护灵感也会不断迸发出来。

《质证意见》书面化，为律师办理重大疑难复杂案件所必须。

获取权力、赚得金钱、史上留名，三者分属不同的社会角色，不同的社会角色只能获取相对应的利益。若同一个人在同一时空同时扮演两个角色，必须放弃一个角色，否则就会陷入角色崩溃；若一个人想同时拥有权力、金钱、名气，灾难就会降临。

商人的动机和目的就是经济利益最大化，否则就是一个不合格的商人。

因此，商人在经济利益之外的外在表现可能是虚假和不真实的，甚至还具有欺骗性。

择善而从之，则智者尽其谋，勇者竭其力，仁者播其慧，信者效其忠——个人、社会、政府、国家都应当"择善而从之"。

法治篇

法治，是指依照法律治理国家，"法治"与"人治"相对立。

"法治秩序"是动态秩序；"法制秩序"是静态秩序。"法治"是手段，"法制"是结果。

既然"法治"是指依照法律治理国家，并与"人治"相对，因此，从这个意义上来说，"法治"主要是约束官员、管官员的，而不仅仅是管老百姓的。

市场管理过程中，千万别小看生活必需品价格异常波动。

当年，波兰政府因为经济政策存在重大决策失误——对猪肉进行调价，从而引发社会民众不满。之后，连小学都没毕业的水电工瓦文萨开始走向政治前台……再后来，东欧剧变、苏联解体。

"蝴蝶效应"如此放大——瓦文萨领导的团结工会不仅在波兰大选中获得压倒性胜利，而且还当上了波兰总统，这连他本人都感到很吃惊。

情　怀

庭审休息，有旁听人员问我："为什么有些官员不仅做事无能，而且还那么贪婪？"答："花钱买官或通过不正当手段得到官位的人，一是无能；二是要尽快收回成本——这是被官场历史无数次反复证明了的事实。有本事、有品行的人绝对不会花钱去买官。"

审判长、审判员，如果公诉人说本案被告人刘某是"套路贷"的话，那本辩护人则说，本案的所有所谓被害人都是"套路借"——本案31名被害人居然有24名被害人都是"失信人"和"老赖"，失信人占"被害人"比例竟然高达77.4%。根据公诉机关提供的《审计报告》确认，这些因借款经验丰富而变成"失信人"的企业经营者，在向被告人借入真金白银使用的过程中，8年时间总共向被告人支付的利息仅为23.4%，而且很多"被害人"在本案中连本金都未归还给被告人，有的"被害人"甚至连一分钱本金都未向被告人归还！不仅如此，公诉机关起诉的31起案件，其中有15起是经过人民法院就其民间借贷纠纷作出生效判决确定的事实。值得一提的是，被告人在向这些"失信人"的借款人要债的过程中，连一巴掌都未拍过他们。然而，本案公安机关在征集犯罪线索时，这些失信人和老赖们却纷纷向公安机关举报被告人是"套路贷"，摇身一变从"债务人"变成了"被害人"，而作为债权人的被告人却变成了"诈骗犯"而身陷囹圄！这符合"天理、国法、人情"吗？这符合"常情常理"吗？

本辩护人不禁要问：本案中，谁是真正的被害人？谁是真正的诈骗犯？我们的法律是不是要让合法者向违法者低头？我们的法律是要打击违法者，还是要打击合法者？人民群众能从这起"套路贷"案件中感受到公平正义吗？……

——本律师在宣城市泾县人民法院开庭法庭辩论时发言摘要。

审判长、人民陪审员，本案中全部被告人作为凡普金科公司员工按公司规定进行履职经营行为，各被告人没有寻衅滋事的动机，而且各被告人的主观目的是收回公司发放的合法贷款本息，不是为了追求精神刺激，更没有流氓动机。《起诉书》将被告人隔空催讨要债行为当成寻衅滋事，是公诉人对被告人行为性质及法律规定的错误认知。作为寻衅滋事罪来追究刑事责任，不仅违反了罪刑法定，也不符合刑法的谦抑性，而且是属于适用法律错误。

根据今天庭审调查的结果，本辩护人坚定地认为，本案是侦查机关抓错了人、办错了案！本案中，公检法三家包括辩护人，其实都是在为此错案在做善后工作，以让错案影响最小化。事实上，一年多来，每个月过了15号，公安机关就是不停地放人、放人，这也足以证明本案是错案。刑法应保持谦抑性，但本案这么多大面积的年轻人涉案，这么多的警力、物力和司法资源，难道就是为了给这么多人定一个争议巨大、见仁见智、似是而非的寻衅滋事罪？本案中，还有许多"90后"，有的是刚毕业的学生，他们有父母、丈夫、妻子、儿女，他们就这样背负了似是而非的罪名艰难地开始了他们的人生？

本辩护人认为，本案作为刑事案件立案侦查、起诉，如果定罪判刑，不仅人为增加了社会对立情绪，而且也不符合法律效果、社会效果、政治效果相统一的目标。现实一点，也不利于合肥对外开放和经济发展。因此，本辩护人提请合议庭要非常谨慎地对待本案，绝不能一判了之，该作无罪判决的要坚决作出判决，对法律、对社会、对国家负责，对这些年轻人负责，对他们的父母、丈夫、妻子、儿女负责！

本案第一天开庭的网上直播，观看人数就超过20万人，观看庭审的人数居全国法院当日开庭网上直播观看人数第二名。很显然,本案作为全国催收行业典型案件备受社会关注。如果认定李某好等人的催收行为构成寻衅滋事罪,则对凡普金科公司37万之众的债权人、共计230亿元债权的回收,乃至全国催收行业的经营活动将产生重大不利影响。

——2020年12月30日,本律师在合肥市某区人民法院开庭时发言摘要。

某官员因腐败被拿下。办案人员告诉他:"你有权聘请律师为你辩护。"该官员说:"我是党员领导干部,我相信组织会把我的事情查清楚,但我绝对不会请律师来和你们对着干!"办案人员告诉他:"我们不代表组织,你在这里也不是党员领导干部,而是犯罪嫌疑人。再则,聘请律师辩护是你的权利,你请的律师也不是和我们对着干。明白不?"

公诉人,用证据证明犯罪的存在是你的责任,被告人没有自证其罪的义务,同时也没有证明自己无罪的义务。你发表公诉意见不能仅发表结论性意见,应当拿证据特别是客观证据来证明你的结论性意见,更不能用你公诉人个人的人生体验和生活阅历来证明本案犯罪的存在。否则,冤假错案不可避免!

——本律师,在江苏无锡市中级人民法院开庭时发言摘要。

无论刑事案件、民事案件抑或是行政案件,当事人都把最后的希望寄托在法官身上。因此,法官审案一定要居中公正,判决书一定要讲理。真的,绝对不能让当事人因冤屈而绝望!

选定了自己职业,就要忠诚于职业。否则,就会有危险,而危险是来自全方位的!

所有的人都在追寻事业成功。但是令人沮丧的是，历史反复记载着：

——有的成功是苦心人天不负；有的成功则是泯灭良知、丧尽天良夺得。

——有的幸福是又流血又流汗；有的幸福则是践踏他人、祸害他人攫取。

情　怀

历史篇

有人问我："公元前500年前后两三百年时间里，人类舞台不知怎么了，集中涌现出来一批如苏格拉底、柏拉图、释迦牟尼、老子、孔子等人，影响后世两千多年。这个问题困惑了我很多年，经常在床上来回翻烙饼似的想都没想明白。"

其实，公元前500年前后两三百年时间里，是人类刚刚进入文明社会，西方人称之为"轴心时代"。"轴心时代"的特点是，严格意义上的宗教还没有产生，社会还处在分崩离析状态，专制政体没有产生或没有完全成熟，人类在这种无宗教束缚、无政治压迫的情况下，是一种自由的精神状态，并在这种精神状态下对自身的处境及价值进行思考。这是一种难得的精神状态，其中有些思想所达到的高度，即使今天我们仍无法企及——因为我们的思想和精神都已经被各种社会事实"污染"了。

"轴心时代"的思想，是一个文明原创的而非抄袭的思想，是其为人类文明独家的贡献。在轴心时代里，各个文明都出现了伟大的精神导师——古希腊有苏格拉底、柏拉图、亚里士多德；以色列有犹太教的先知们；古

印度有释迦牟尼；中国有孔子、老子等。

古希腊作为地中海城邦制国家，若要获得粮食等生存物资，就必须进行商品贸易交换。与此同时，工商业文明产生的前提是，交易双方必须完全自由平等才能实现正常等价交换，而要实现更多的交换价值，又必须制造出更多"功能新奇"的商品，从而促进"哲科思维"带来科学技术发展，以此带动商品经济的发展。因此，自由、平等、民主及自然科学发达，不仅是工商文明发生的前提条件，也是工商文明的重要特征。

相对于工商文明，农业文明发生的条件是必须有广袤的土地、大江大河以及对江河的治理能力等才能获得农业的稳定发展，而对大江大河的治理大多靠集权统治才能完成和实现。因此，农业文明必然产生强有力的集权统治——古埃及、古巴比伦、古印度、中华文明莫不如此。

为了维护集权统治，农业文明的统治者往往会采取"重农抑商"的国策，并严格限制工商业的发展，甚至会严格控制对外交流。

与友人聊起"五经"之真伪，大致如下。

《诗经》《尚书》《礼记》《易经》《春秋》《乐经》原为"六经"，由于《乐经》失传，就变成了"五经"。因此，上古时期的音乐都没能传下来，即使是后来的"五经"，也是西汉时期专设的"五经博士"凭记忆整理而成。因秦始皇"焚书坑儒"，除西汉时期一位叫伏生的老人留有 28 篇的《尚书》外，项羽一把大火把原来的经书烧得一本不剩。好在西汉距离秦时间不长，五经博士们多少还是能记得些。另外，汉初大儒叔孙通为秦朝待诏博士，并直接穿越到西汉，大脑中应该装有不少五经"存货"，但在整理过程中，这些博士难免会夹带自己个人"私货"，或为迎奉"圣意"再作修改，故"五

情 怀

经"很多内容真伪难辨。

特别有意思的是,秦始皇在位时,不允许文人墨客对其妄议,甚至规定在其死后也不允许后人为其加谥号——谥号是另一种形式的妄议——只能按顺序排列:自己是始皇帝,之后是秦二世、秦三世……秦万世。但秦始皇根本没有想到秦王朝只有二世便亡。由于不能对秦始皇妄议,加上官方有关秦始皇的记录又被项羽一把大火化为灰烬,因此有关秦始皇的言行没有留下多少记录,以致后人对秦始皇可以任意评说、任意涂抹……这可能是秦始皇本人万万没有想到的。

秦朝二世而亡,连推行秦制者也以悲剧收场,从商鞅到韩非、李斯、扶苏、蒙恬,以至秦始皇本人,皆死于非命,而秦以后两千多年治乱循环,"治与乱"皆与秦制有关。至于中国文明现代转型比西欧、日本较为困难,也与"百代皆行秦政法"有关。

大秦粉们再看过来:秦律创造最严厉的酷刑——秦奉行法家思想,"事皆决于法,以刑杀为威"。秦朝刑罚种类繁多,手段残酷,仅死刑就有:绞刑;枭首;腰斩,是将犯罪人拦腰斩断的酷刑;磔,是将犯罪人肢解分尸的酷刑;车裂,就是用马车拉扯,将犯罪人身体扯裂而处死的残酷处刑方式;戮,戮刑是既剥夺犯罪人生命又加以侮辱的刑罚,秦朝的戮刑有两种方式:一是先戮后杀,二是先杀后戮,即戮尸;弃市,是在闹市之中将犯罪人当众处死的刑罚;族刑,族刑也称夷三族,即将犯罪人三族以内的亲属全部一同处死的酷刑;具五刑,最残忍的就是"具五刑",集黥、劓、刖、笞、枭首于一身,然后剁碎弃市,涉嫌诽谤的还要断舌,当真恐怖之尤。秦朝对刑罚的发明创造和延续,可谓无所不用其极。另外,还有极其残忍的肉刑。肉刑主要有割鼻、割耳、挖膝盖、斩脚、宫刑等。

143

"秦始皇为何既不封王、又不封后,甚至连太子都不立,这是为什么?"有人不解地问。"秦始皇认为,我的是我的,你的也是我的,全天下都是我嬴政一个人的!"我这样回答他的提问。

不封王,不封后,不立太子,以致秦始皇死亡发生政变时无任何人勤王,不仅大秦政权迅速土崩瓦解,子嗣被人杀得一干二净,连自己的尸体都要与臭鱼堆放在一起!

翻看历史,你会发现许多"左臣右相"经年累月处心积虑事事小心,却很少能够获得善终。实际上,有时候太过小心与太过粗心一样危险——简单永远是最佳方案,这跟尽可能说实话是一个道理。因为实话远远比谎言要容易记住,至少不需要再仔细回忆当初是怎么说谎的。

曹雪芹在《红楼梦》中对一生精明能干的王熙凤的评语是——"机关算尽太聪明,反算了卿卿性命"。

中国古代士大夫阶层往往都是集文、官、医、兵等于一身,如张仲景不仅著有《伤寒杂病论》,是医学家,而且也是东汉长沙太守;范仲淹不仅是文化人,同时也是北宋改革家和军事家;苏轼不仅是诗人、词人,而且也是北宋高官和水利专家,凡此种种,这都与他们读的书有关。

中国古代很多古籍都是集文史哲于一体,而且许多古籍还包含有天文、历法、人体、医学、水利等内容,故中国古代士大夫阶层素有"不为良相,便为良医"的美誉。

乾隆时期,西方主要列强国家都已经完成了资产阶级革命,科学技术突飞猛进。但乾隆皇帝铁腕锁国,以天朝自居感觉非常良好,自诩成就了"十大武功",自称"十全老人",加上当了60年皇帝(实际执政63年),执政时间长,以致其死后不到40年,中国的国门就被英国的坚船利炮轰开了。与乾隆帝同一时期,拿破仑横扫欧洲;华盛顿完成了美国独立;叶卡捷琳娜迅速扩充了俄国版图。中国的发展机遇,就是在那个时代被耽误了。

诸子篇

《易经》里面说"一阴一阳谓之道",即万事万物时时都在"变与不变"的太极之中,不变是根本,是本质;变是外在,是现象。人类所追求的理想,其实就是追求事物的外在与现象符合自己心中的"圆满",但受本质与不变的制约,变化的外在与现象之理想似昙花开放,如十五之月亮,一旦进入圆满,瞬间即开始滑向残缺。

人类的生物性促使每个人都在追求圆满的外在理想,但事物发展的内在规律使人类终究不可能实现或维持恒定理想中的圆满。

人类没有理想就不能被称为"人",而现实中的理想又难以实现。所以,我们要认识事物变化规律中不变的本质,同时更要把握事物外在变化规律中的方向。

老子在《道德经》中开宗明义就是"道可道,非常道。"在这里,第一个"道"是名词,第二个"道"是动词。其意思是说"道若是能够说出来,就不是永恒不变的道"。在这里,道家理论从一开始就给人感觉很玄。

情 怀

其实，道家根本不是故弄玄虚，而是宇宙世界中的"道"确实说不出来，或者无法用语言正确表达出来。譬如，无穷大、无穷远所及的地方是个什么样子，我们根本无法知道或想象，所以没法说出来；比质子、量子更小的无穷小是什么，我们也根本不知道，所以也没法说出来。还有，人是从哪里来的？水是从哪里来的？太阳上的热量是从哪里来的？地球、宇宙是从哪里来的？诸如此类都是我们人类所无法用语言准确地表达出来的。此外，宇宙中还有很多"存在"，我们人类的感觉器官是感知不到的。

实际上，"道可道，非常道"与西方哲学上的"不可知论"讲的是同一回事。为什么"道"不可以说出来？其根本原因，取决于人类对宇宙万物的感知能力是有限的，而且是有边界的。

有关老子思想的价值。老子曰："天地不仁，以万物为刍狗。圣仁不仁，以百姓为刍狗。""治大国，若烹小鲜。"老子讲的这两句话是治理国家的基本方略，即"无为而治"，让老百姓按自然属性生活。实际上，在中国历史上只有汉初至景帝时期算是真正落实了老子的上述思想，以至为汉朝立国打下了四百年的基础。

《道德经》："道可道，非常道；名可名，非常名。……天地不仁，以万物为刍狗；圣人不仁，以百姓为刍狗。……合抱之本，生于毫末；九层之台，起于累土；千里之行，始于足下。"五千多字的《道德经》，我已能背诵，但可能要用一辈子的光阴才能揣摩其深意。我认为，从《道德经》所写文字背景的上下时间跨度来看，老子应该是一个"集大成"者，并不是其完全原创。理由是，老子是周王室的史官兼图书管理员，他除了《道德经》外并无其他建树，也不如孔子有那么丰富的经历、阅历及众多弟子。况且，《道德经》里面有许多远古时代早期人类生殖崇拜及事物描述，这些描述在崇尚理法的国度里是不可思议的。我分析，既然老子担任周王室

图书管理员,应该能看到不少典籍资料,故其《道德经》能够集大成。

但与其他诸子百家仅关注"人"不同,老子是唯一关注"天、地"等宇宙自然的人。我还以为,儒、墨、法等主张都是从老子的学术当中演化而来的,特别是法家代表人物韩非子,他是从老子的"无所为,无所不为""示弱""水善利万物而不争"中提炼出"权术"的。

过去看老子的《道德经》中的"柔弱""无为而无不为",就觉得老子的"无为"是"假无为"而"真有为",尤其是衍生出法家人物韩非子,我一直把《道德经》看成是一部教人玩弄权术的"坏书"。现在再看"反者道之动,弱者道之用。天下万物生于有,有生于无",又觉得老子是"真无为"。看来,我过去确实是误读了老子及其《道德经》。

窃以为,要想进取,多看孔子;想要守成,多看老子;要想养生,多看庄子;想要养气,多看孟子;要想做梦,多看墨子;要想"使坏",你要多看韩非子和商鞅。

商君见秦孝公,前两回献以王道、霸道,秦孝公均漠然。商君第三次见孝公,商君提出"变法",孝公听了之后,拉着自己的席子往商君身旁靠了靠……"商鞅变法"由此拉开。

商鞅一开始提出的"王道主张",秦孝公根本不感兴趣。因为,实施"王道",好是好,但秦孝公等不及,他要立竿见影见成效。

同理,法治社会,好是好,非一朝一夕。

孔子开办私学,教"六艺",教《诗》《书》《礼》《易》《乐》《春秋》,与孔子同时代办私学的还有郑国的邓析,但其专教学生如何唯利是图、如何敲诈勒索。孔子教人上达,邓析教人下达;孔子成人之美,邓析成人之恶;孔子名垂青史、弟子大师辈出;邓析弟子分崩离析,没有任何弟子传世。

情 怀

  郑析虽是名家的代表人物，但其"以非为是，以是为非""操两可之说，设无穷之词"，不仅乱了郑国的国政，而且乱了郑国的社会风气，郑国国君姬驷歂支撑不了这种局面，郑析终被姬驷歂用竹刑杀死！

  正直是人的生门，邪恶是人的死门。如果邪恶的人在死门中没死，不是必然，而是侥幸。

  所以，做人要正直！

  春秋末年至战国时期，"礼崩乐坏"引发天下大乱，诸子百家们纷纷拿出自己对社会进行救治的良方。其中，儒家、墨家、道家给君王开出自认为是"济世良药"，唯有法家代表人物韩非子献给君王们的是一把"刀"——势、术、法。譬如，商鞅变法时，立法度、外连横、斗诸侯、废除世卿世禄，这些措施不仅遭到诸侯们的反对，而且也让王公大臣们痛恨，严刑峻法更让老百姓们心生恐惧，但商鞅变法可以让一个人喜欢，那就是秦孝公！在法家人物的价值观中，他只是对君王一个人负责，而不念及其他。

  吊诡的是，法家人物献给君王的是一把"刀"，这把刀既可以"杀"别人，也可以"杀"自己——韩非子、李斯、商鞅、吴起等，这些法家代表人物没有一个获得善终。相反，老子、庄子、孔子、孟子、墨子等开"济世良方"的代表人物一个个都七老八十，健康长寿。

  内法外儒，再描绘一幅"理想国"画卷——古代封建帝王大多用这种手段治理国家。

  孔子思想的价值可归结为八个字，即君君，臣臣，父父，子子。其中第一个君是名词；第二个君是动词。即君要像个君，臣要像个臣，父要像个父，子要像个子。因此，记载孔子言论的《论语》通篇都是"道德教化"，

教你怎么做"人"。

孔子主张的"仁爱"虽以人性中的"爱"作为基础,但这种"爱"牛马等其他动物几乎都有。其思想之所以能影响中国并成为主流价值观,一是其思想有利于封建统治者统治,可以作为教化臣民的工具;二是其主张的"学而优则仕""士而优则学"解决了读书人的出路问题,即"人才从哪里来,人才往哪里去"的问题,很受天下读书人喜欢。因此,孔子的思想得以影响中国封建社会两千多年。

德国哲学家黑格尔看到《论语》的翻译本,说:"他们真不应该翻译《论语》,这会影响孔子的声誉。"黑格尔贬低孔子的思想价值,主要是他认为孔子的道德教化没有逻辑根据。

诸子中,荀子不仅属于儒家而且对儒家思想及其典籍发展有很大贡献。在人性问题上,荀子提倡性恶论。因为荀子培养了两个非常著名的入室弟子——韩非和李斯,都是法家代表人物,以至历代都有学者怀疑荀子是否属于儒家学者。荀子也因其学生在暴秦政权中发挥了巨大作用,让他在中国历史上受到许多学者的猛烈抨击,甚至荀子死后都未能像孟子、董仲舒、朱熹等儒家代表人物一样进入孔庙享受后世香火。荀子用儒家经典教育出来的学生韩非、李斯,最终却成就了法家,让后世学者唏嘘不已!

真的应了那句话——物极必反!

情 怀

哲学篇

哲学是科学的前身,对科学具有前瞻性——哲学面临越来越多的大信息量,逐渐产生"分科之学",简称"科学"。哲学只负责认识世界,不负责改造世界。如果需要用哲学改造世界,这是"哲学工程师",但不是"哲学家"。

"哲学"一词,古希腊语的意思叫"爱智"。因为当时的人们认为"智慧"只有"神"才能掌握,凡人是不能掌握智慧的,人类充其量只能"爱智慧",简称"爱智"。

按现代人的观点,古希腊哲学家都是自然科学家即"理科生",没有一个哲学家是"文科生"。因为只有自然科学家的想象力才能对世界的本源进行刨根问底的"追问"。在追问过程中,欧几里得成了几何学家,苏格拉底成了数学家,亚里士多德成了物理学家,哥白尼发现了"日心说"。

与此同时,在追问过程中,哲学家们认识了我们人类自身,包括感觉、感知、感性、理性、先验、经验、逻辑、数、现象、本质、自我、本我、超我,

潜意识……

与西方文明抽象思维方式完全不同的是，东方文明中的形象思维使国人的具象想象力更加丰富——不用逻辑思维就可以表达生动复杂的情感。如"大漠孤烟直，长河落日圆""枯藤老树昏鸦，小桥流水人家"等诗词中描写的情景。但这种具象思维方式同时也抑制了"哲科思维"的形成与自然科学的发展，影响了人们对宇宙世界本源的探究。正如林语堂先生所说："国人之所以对自然科学毫无贡献，是因为中国人连静下心来观察一条鱼的心思都没有，他们总是想象鱼在嘴里的味道。"

无论是古希腊哲学家，还是近现代德国、英国的哲学家，虽然他们门派众多，观点各异，但有一点是共同的，即认为宇宙万物有一个终极的力量——有人把它理解为神，有人把它解释为上帝，有人认为它是一个"奇点"发生大爆炸，还有人认为"不可知"。其中，苏格拉底认为世界是由"数"组成的；柏拉图认为世界是"理"组成的；亚里士多德认为世界是有序的，并且是向着"善"的目的运行的。休谟从怀疑主义出发，认为人类的感知都是扭曲的，我们的感知是不真实的。康德也有类似观点。

由于西方哲学家相信宇宙世界一定有一个终极的力量存在，只是各自对此有不同的解释，因此从古希腊到近现代，各学派之间"你方唱罢我登场"，既有否定又有继承和发扬，最终引发科技革命。

18世纪之后，西方哲学家们在关注世界"本源"的同时，开始关注人类自身——"人是万物的尺度"。也就是说一切的世界观都只在于人类自己的选择和创造，降神至于人，这就是他们在"上帝死了"的历史之后重新选择的新尺度。

情 怀

怀疑主义认为，人类所获得的知识只不过是人类感知对外部信息产生的"信息堆积"。由于人类感知器官的局限性，对感觉背后的真相是不得而知的，而且人类理性也摆脱不了"先验感知"的尺度。

与此同时，西方哲学不承认有所谓的"真理"。他们认为，所谓的"科学"，就是不断能够被纠错的过程，譬如"地心说"纠错"盖天说"，"日心说"纠错"地心说"；爱因斯坦的"相对论"纠错牛顿的"万有引力论"等。

他们甚至还认为，所谓的"科学"，就是能够不断被证明是"错的学问"，但凡不能被纠错的学问都不能称之为"科学"。上帝、真主等，既不能被证实、也不能被证伪，所以他们都不属于科学之范畴。

古希腊哲学家们认为，人类用眼睛能看见的东西都是扭曲后的假象，真相是隐藏在假象之后的东西，要发现真相就要不断地进行"追问"。在这种思维模式下，逐渐产生了几何学、数学、物理学、天文学、医学、化学等哲科文化。

甲骨文、金文等象形文字自然会使人产生具象思维模式，加上把宇宙归结为"金木水火土"五种物质，以及"天人合一"思想世界观，再加上农业文明的发展导致人口激增后带来严重的社会统治和管理问题，以致先秦时期的诸子百家们都把目光聚集在社会人文伦理问题上，几乎不关心自然，最终使东方文明走入"技艺文明"，没有产生"哲科文明"。

人类在感知能力上并不比其他动物优越，甚至不如其他动物：不如一只信鸽能感知地球磁场；不如一只狼能在黑暗中能看清周围世界；不如一只蝙蝠能感知超声波。人与其他动物相比较唯一的优势，就是可以用大脑进行理性思维。人类能用理性思维也带来了人类的傲慢，但人类思维的局

限性也受制于人类感知能力的局限性。因此,不要相信人类所发现的"绝对真理""绝对正确"存在。人,在地球上也是一只生活在"感知洞穴"中的动物之一。

古希腊哲学家们认为,人的感知器官(也包括任何物种)是在演化过程中根据"求存"目的而设立的。视觉是为了寻找食物、配偶和避开危险而设定;耳朵是为了与周围进行交流而设定;嗅觉是为了分辩食物和安全而设定;触觉是为测试温度和感知物体存在而设定;味觉是为了识别选择食物营养而设定……正因为人类的感知器官是为"求存"而不是为了"求真"而设定,以致宇宙世界的本源到底是什么,人类从古至今都说不清。这也是"不可知论"产生的原因。

人类对外界存在的感知均是为了"求存"而不是"求真"。正如蟾蜍(俗称癞蛤蟆)只能看见横向移动的物体而不能发现纵向运动的物体,即蟾蜍的感觉器官只能感知食物或者是天敌是否存在——一切与自己生存无关的外界存在都不能进行感知,人类也不例外。这也是我们人类在应急情况下出现求生本能的生物基础。所以,探求宇宙世界的本源必须借助于理性逻辑思维才得以"求真"。

人类眼睛能看见的东西都是假象,真相是隐藏在假象之后的东西。这种感觉的存在,只不过是我们人类通过自己的感官所感知的存在,但它并不是事物本源的存在。正如我们人类对存在的感知与其他动物诸如骡马、隼鸟、金鱼、蚂蚁通过自己的感官所感知的存在是不可能一样的。所以,西方哲学家们经过不断探索、求源和追问,这种"哲科思维"最终将哲学进一步分科成几何学、数学、物理学、天体物理学、生物学、医学……所以,我们能够直接感知到的东西,可以凭感觉去相信;我们不能够感知到的东西,应当用理性去怀疑。

情　怀

关于"唯心"，康德认为，人的感觉器官所能够感知的世界只是一个"现象体"，并在感知过程中对现象进行扭曲，而我们的感觉器官所感知不到的"自在体"却在彼岸，由此康德得出了世界"不可知论"。与此同时，黑格尔认为我们人类的感知通道是封闭的，通道之外是"绝对精神"，我们所能感知的世界是"绝对精神"的异化表现。而叔本华则认为，通道之外是"意志"，并牢牢地控制着现象界——人类也是被这种意志所控制，且不能摆脱意志控制。

叔本华认为世界是由意志决定的，宇宙世界的真相是：个体意志必须服从整体意志；人类意志包括其他生物、有机物、无机物必服从宇宙世界的终极意志。人，包括人的意志是有生有死，而宇宙世界的意志是不灭的。叔本华还认为，人的意志是受宇宙世界意志控制的，而且是不能摆脱的，包括爱情、生育、死亡都是为了人种的复制和繁衍，这也是宇宙世界意志安排的，都是基于人会死亡而为了保持人种的延续而做的努力——爱情、婚姻、生育、个体死亡。总之，我们人类的一切行为都是由宇宙世界终极本源决定的。人类看似自由，实际上根本不自由。叔本华的"意志决定论"解释了人为什么不能摆脱生老病死之苦。相反，黑格尔认为世界是由绝对精神决定的，是理性有序的。

黑格尔"站在宇宙之外"看世界，他认为世界是由一个终极精神实体即"绝对精神"所决定的，如果不是绝对精神实体，而是一个客观纯物质的"客体物"，世界则不可能丰富多彩不断变化。黑格尔同时还认为，世界是理性有秩序并有正当目的的；人是世界的异化，是"上帝"的副本，所以人类也是由"绝对精神"决定的，人类也是有理性、有精神的。因此黑格尔说："凡是合乎

理性的东西都是现实的,凡是现实的东西都是合乎理性的。"人,是被绝对精神"抛入"这个世界的,所以人的个体精神不可能独立于世界精神而存在。黑格尔认为"国家"是上帝在人间的"游行者",国家应当是有理性、有秩序、有正当目的。因此,黑格尔哲学长期被普鲁士王朝奉为官方哲学。客观地说,黑格尔哲学主宰了二十世纪人类哲学。

经验主义哲学家认为,人类的感知器官是为人的生存而设计的(有哲学生物学者认为,人的感知能力是由DNA先验规定好的),对世界万物的感知能力有限,而且人类所感知的世界只是表象的。由于人类感知能力的局限性,其对世界的本质是无法知晓的,也是"不可知"的。经验主义在近代哲学中以英国的培根、洛克、休谟等哲学家为代表,他们不相信宇宙世界存在一个人格化的"神"。休谟甚至认为,人类根本没有必要因为害怕死亡而去寻找一个"上帝"来对自己进行安慰。

而理性主义哲学家认为,世界是有秩序运转的,是有善的目的,并且认为宇宙世界最终存在一个"终极力量"——经院主义哲学认为是"上帝",黑格尔认为是"绝对精神",叔本华认为是"绝对意志"。经院主义认为,上帝是理性的,是有善的目的,而人类是上帝的副本,所以人类也是理性的。与之相应,法国哲学家笛卡儿的"我思故我在"(也可理解为"思考是唯一确定的存在")开拓了"欧洲大陆理性主义"哲学,成为欧洲近代哲学的奠基人之一。笛卡儿通过"数"的规定性、解析几何(他将几何坐标体系公式化,并创立了著名的平面直角坐标系,因此他还被认为是解析几何之父)等数学逻辑方式不仅成为近代科学的始祖,也证明通过逻辑理性方法可以认识和理解宇宙世界。

德国康德通过《纯粹理性批判》《实践理性批判》和《判断力批判》

三部著作，调和了笛卡儿的理性主义与培根的经验主义之间的分歧，并以"敬畏天上的星空和心中的道德律令"为墓志铭。康德认为，经验在可感知的世界发挥作用；理性在可感知的世界之外发挥作用。

窃以为，经验主义系"无神论"者，不相信、不承认世界有终极力量，也不相信有任何权威，"经验之外无物存在"的思想，最终形成了"人人生而平等"的法哲思想，而英国也确确实实是"王在法下"。而理性主义系"有神论"者，相信存在终极力量且有善的目的，故能产生"社会主义"法哲思想。

为什么英美法系实行的是"判例法"，德法等国实行的是"成文法"？窃以为，这应该和英美国家与德法国家所建立起来的哲学思想体系不同有关。

在英国，培根、洛克、休谟等实证主义哲学家崇尚实证主义，他们认为人的一切知识都来自于经验，经验之外无物存在，对经验以外的事物人类无法知晓，在这种哲学思想指导下，英国及英联邦国家在法律体系上自然选择采用以遵循先例为主的"判例法"法律体系。而德国、法国等大陆国家，在以康德、黑格尔、叔本华等为代表的哲学家的影响下，他们崇尚人类理性，认为人类通过理性逻辑思维可以推导出正确的认知，即他们首先确立思想"支点"，再向周围散开并建立起一个庞大的哲学体系，在这种思想支配下，德国、法国等大陆国家自然会选择以"成文法"作为自己治国理政的法律体系。

经验主义、理性主义分别是判例法体系与成文法体系产生的不同哲学思想根源。

人的感知能力、人的生物本能、人的生存目的等，都是被人体自身的DNA先天规定好的，这就是哲学史上的"先验论"。人后天的各种努力，

只是为"人"这个DNA集合体增加能量,借以维持生命体系的运转,否则人就会消亡。物理上将这种努力叫作做功;化学上将这种努力叫作增加热量;数学上将这种努力叫应变量;生物学上将这种努力叫作高分子的有序性克服低分子的无序性。由此可见,我们人类能消化哪些营养、排除哪些毒素,以至可抗击哪些疾病等都是先验的,而不取决于我们的意志。因此,人类作为一种生物,其DNA是自然的演化进程,而不取决于我们的想法——即使有这种想法也不能摆脱DNA的先验制约。

"唯物"与"辩证"是人类进入文明社会后最初和最基本的思维方式,如中国的《易经》《中庸》讲的都是"物"与"辩证","阴阳五行"说的也是"物"与"辩证"。

很显然,"唯物论"与"辩证法"并不是西方人在近现代才传送给中国人的礼物——中国人在远古时期就是这样的思维。唯物论与辩证法作为哲学理论进入中国后,只不过是进一步加固了中国人这种业已存在的古老思维模式。

与此同时,西方哲学中的"理性""理念"也不是完全离开"存在"之外的"纯意识"。西方哲学中的"存在"是指人类感觉器官所感知的"虚幻存在",而并不是宇宙世界的"真实本源",所以西方哲学家要不断地"追问本源"。这种按照一定理性逻辑模式"追问"宇宙世界本源的过程中,使哲学家欧几里得成就了"几何学",哲学家苏格拉底、柏拉图成就了"数学",哲学家亚里士多德成就了"物理学",笛卡尔发明了直角坐标系,爱因斯坦为了研究上帝创造世界的方法而成就了"相对论"。

需要明白的是,唯物论与辩证法在现代社会大信息量条件下,如果不借助"形式逻辑"的理性思维模式,不仅得不出正确的结论,甚至会走向

情 怀

正确结论的反面。

"敬畏星空和心中的道德律令",这是康德墓碑上的一句话。作为18世纪德国古典主义哲学家的代表,康德好比是一个"蓄水池"——古希腊柏拉图、亚里士多德的哲学思想都流入了这个蓄水池,之后又从这个蓄水池流向后世。

康德认为,人类所学到的知识是从感性到知性,再从知性到理性才能对事物进行判断。但地球上的动物对世界的感知能力是不一样的。比如,人的眼睛能看见赤橙黄绿青蓝紫,而狼是色盲,蝙蝠是靠声波才能定位和辨别方向。显然,人类根据自身的"眼耳鼻舌身意"所感知的世界并不是世界的真实本源。人类的感知能力好比先天戴了一幅有色眼镜和模具,而且这幅有色眼镜和模具是先验(先天)的,而我们人类对这幅眼镜和模具的存在却浑然不知。基于此,人类感知的宇宙世界是不真实的、是扭曲的。因此,人类要认识世界的本源,必须通过自己的理性及逻辑方法探究世界的本源,而人类的理性仍然是戴着有色眼镜和模具的。所以,人类对自身、宇宙的感知能力是有边界的——即超越人类感知能力之外的宇宙世界包括"上帝"这种精神实体都是无法感知的。这就是"世界不可知论"。

康德认为,遵守道德是人类理性的必然要求,人必须无条件服从道德的"律令",做正确的事情。

应该说,康德的思想教会了我们如何使用理性并正确看待理性,以及了解人类理性自身的局限性——既不要盲目崇拜,也不要相信"人可以胜天"。

苏格拉底说:"未经审视的人生是不值得过的。"哲学使人孤独,哲学使人安宁,哲学使人自由。

思考

律师情怀
LÜSHI QINGHUAI

规范、活力、进取、超越——规则，律师事务所生存与发展的"命门"

初创时期，律所的创立者无疑是律所的灵魂人物。

兵熊熊一个，将熊熊一窝。毋庸置疑，作为律师事务所，所主任是律所的核心人物。所主任在律师业务上不仅要过得硬，而且要具有强烈的事业心和进取精神，要有为律师所奉献的精神，决不能停留在挣钱"养家糊口"的目的上。律所主任的精神，就是律所的精神。因此，律所主任要有"高尚的灵魂"，要有团结全所律师的能力，要有宽广的胸怀，还要公平地对待律所的每一位律师。否则，很难建立起律所的精神文化，更难成为律所的灵魂人物，律所也不可能获得持续发展的动力并形成较强的竞争力。

初创时期，青年律师居多也是新设立律所的普遍特点。"生存与发展"是律师最为关心的两大问题。

作为所主任，要把关心青年律师的成长放在重中之重。律所应当建立调配案源制度及律师之间的业务合作制度，以此来解决青年律师执业初期的基本生存问题。与此同时，律师之间的业务合作制度，实际上是律师间的"相互培训"，以此可提高整个律所的律师执业水平。律所的实习律师，他们是律所的未来，律所应当部分地解决他们的困难，这可大大提高他们的工作积极性和工作热情。关心律所的每一名律师，可增强律师对律所的认同，加深律师对律所的归属感，增强律所的凝聚力。

此外，对于青年律师要多观察、多了解、多沟通，还要多批评，使青年律师逐步成熟起来，培养或强化他们自强自立的优秀品质。律所还应定期为青年律师举办案例讨论、新法分析、文书写作、客户维系等方面的经验交流活动，为青年律师与执业多年的律师提供业务沟通和合作的机会，以帮助他们更快地掌握律师执业技能，形成科学的律师工作方法。

相对于大型律所来说，中小型律所制度管理较弱，轻视在规则下运营，而且很容易"朝令夕改"。

实践中，中小型律所最怕没有规则。没有规则，律师看不到行为的预期，严重影响律师对律所未来的信心。关于这一点，律所主任、合伙人和出资人应当要有清醒的认识。正因为如此，中小型律所从建立之初，就应从制度创建着手，在保持制度稳定的同时，适时修正和完善不规范、不合理和不科学的制度。

——建立薪酬制度和财务制度，并保持其规范和稳定。这两项制度是律所的核心制度，它关系到每个律师的切身利益，关系到律所的稳健运营。而作为律所的主任及合伙人，要严格遵守和执行。合伙人及主任在财务手续往来上要账目清楚，在观念上只能意识到自己要承担法律责任，但在行动上不能把律所完全当成自己的私人财产来行事。否则，律师们对律所很难建立起信心。

——设立例会制度。中小型所应当坚持例会制度。例会的内容包括讨

论协商律所发展和管理工作中的重大问题；总结工作；对每位律师的业务情况进行点评；讨论相关案例，组织业务交流培训；强化律师执业纪律，提升律师服务质量。

——强化收案登记制度和印鉴管理。每一项业务都要进行登记，统一收费，统一开具发票。主任及合伙人不要保管律所任何印章和票据，由行政人员分工保管和管理，防止管理上的随意性。

——建立行辅人员责任制度。行辅人员工作质量的好坏，直接关系到律所管理是否有条不紊。出色的行政管理人员，可以减轻律所内律师的工作压力，提高律师的工作效力，让律师有更多的时间和精力投入业务中去，并让律所对内对外井井有条。此外，律所行辅人员一定要对外公开招聘，克服熟人介绍、勉强凑合使用的不规范做法。

——健全档案管理制度。律所要根据实际，不断修订和完善律师业务档案管理制度，对已办结案件及时整理归档，由行政人员统一管理，并注意发挥档案的效用。

实践证明，律所各项制度的建立可为律所的生存与发展夯实基础，并最终成为律所生存与发展的"命门"。而律所主任、合伙人、出资人模范地遵守规则是各项制度得以落实的关键。

中小型律所最怕无章可循，对于律所主任、合伙人、出资人来说，不按章办事，方便了自己，也乱了所里的方寸，最终会导致律所解体。

中小型所相对于大型合伙所来说力量较弱，而律师事务所中介机构的性质使得很多律所更愿意因陋就简地办所，这也是中小型律所的大忌。律所的办公环境、办公条件乃至文化建设，不仅可以提高律所及律师的品质与内涵，更重要的是增强律师以及客户对律所的认同与信心。

仅懂得法律的律师，无疑是法律的白痴

——兼谈培养律师跨界影响力

2008年下半年我访问美国时，美国洛杉矶一位加州律师同行曾对我说："仅懂得法律的律师，无疑是法律的白痴。"当时还没有认真细想，回国之后慢慢琢磨，觉得美国律师的这一观点其实很深刻——上至美国政府、总统、众参两院或跨国公司，下至普通企业或民众个人，都是美国律师的日常服务对象。

由于我国律师执业教育的缺失，目前的情况是，很多法律院校毕业的本科生甚至研究生，在通过司法考试从事律师职业后，其中的百分之七八十被市场无情地淘汰！

——对社会认识不足，更谈不上有深刻认识；不能与社会同频共振。

——不了解国家现阶段的政治、经济动向；不了解社情民意和民众的价值取向。

——不懂得教会企业应付危机，更不懂得教会企业如何应对危机管理。

——不懂得律师应当在增强竞争力上下功夫。

——不懂得客户垂青和偏好什么样的律师。

——把自己的律师角色当成了"一般人"。

——不善于与跟别人合作,不懂得合作与发展的关系。

一、律师要丰富知识结构,使这种结构合理化,并使其变成律师的"核心竞争力"

作为律师,仅懂得法律知识、通过国家司法考试是远远不够的。比如,律师在为企业提供法律服务时,要清楚企业的利润是如何创造出来的。这就要求律师至少要明白哪些是企业的收入,哪些构成企业的生产成本,哪些是企业支付的费用。再比如,为企业设计法律风险控制方案,律师首先要知道企业法律风险容易产生在哪些环节。诸如此类,这就要求律师要有合理的知识结构。

又如,律师可能还要教会企业:企业利润增长时要把企业做强,企业产品利润走低时要把企业做大;企业发展不能仅捆绑少数几家企业,并加强对供应商的管理,否则企业将丧失定价话语权。这些事务,都需要律师不仅要有丰富的知识结构,而且知识结构要合理。

很显然,律师仅仅懂得法律是远远不够的。

律师的知识结构,就是律师的"核心竞争力"。

二、律师应主动为企业服务,与企业同频共振

律师要明白,客户凭什么信任我们所在的律师事务所?客户又根据什么请我们作为其法律顾问?房地产开发商、机械设备制造商、贸易代理商,他们在生产经营过程中都会表现出不同的特点,对律师所提供的法律服务也有不同的要求。因此,作为律师,要善于发现不同客户的需求,研究不同客户的经营特点。

很多执业律师在为企业提供服务时，只是被动地为企业进行咨询服务，不善于主动为企业服务，这是律师服务过程中的大忌。律师应当与企业建立良好的互动关系，甚至主动为企业提供增值服务。诚如是，才能使企业与律师之间的工作关系更加紧密，企业的步伐才能走得稳健。

律师只有认真研究客户，才能发现客户，进而才有可能为我们自己创造出新的服务客户。

三、律师要把握国家的大政方针，关注社会经济发展动向

知晓国家政治，了解社会心理，掌握社情民意，清楚民众的价值取向等，是执业律师的一项基本功。否则，律师就不会理解法律的精神，不理解法律为什么这样制定而不那样规定，不理解司法解释为什么会作出这样的解释！

真正理解了法律的精神，不仅仅是从形式上或字面上理解法律，是有效说服包括法官在内的更多人的法宝之一。

执业律师只有把握住国家的大政方针政策，明白国家大政方针的价值体系，在企业经济活动大潮中，律师才能帮助企业握住生存和发展的脉搏，才能着实为企业提供更精准、更精益求精的法律服务。

四、提高法律思维水平，做专家型律师

律师业务实践性的特点，决定了律师是属于专家型人才，而不是学者型人才。因此，律师首先要建立"外科医生"式的思维——解决问题，手到病除。

律师的具体思维方式，应当区别于学者思维：学者是"把小问题放大"，而专家应该是"把大问题变小"，即律师要学会"把一本书读薄"。与此同时，律师在思维方式上要多进行辩证性思维，少用教条式思维；多用归纳性思维，少用演绎式思维；多用规律性思维，少用经验式思维；多用实践性思维，

少用空想式思维。

最终,通过上述思维方式,以形成律师的"法律思维"——用法律标准衡量事物,用法律标准判断事物,用法律标准解决事物。唯其如此,我们在为企业提供服务时才能够精准,少犯或不犯错误。

五、做专业、敬业的律师

律师,首先要成为一名懂业务的律师;其次要让别人知道你是律师;最后要让别人认同你是律师。这三步是一步都不能少的。归结起来,就是律师不仅要有知名度,更要有美誉度。

律师的专业与敬业相比,专业能力是第一位的。因为客户首先看中的是律师专业水平和专业能力。所以,律师首先要成为一名懂业务的律师。当然,律师个人的品行也不是可有可无的,严谨的工作作风毫无疑问会赢得客户的信任。作为一名专业合格的律师还应养成按规则办事的习惯,而不可以为自己的过失去强调过多的理由。

众所周知,律师作为一个行业,要取得收入才能生存。所以,律师一定要有经营意识,也存在营销活动,在营销过程中也需要把自己"卖个好价钱"。但是,律师中介机构的性质,决定了律师必须讲求诚实守信、安全可靠,而不能像其他商人一样唯利是图。因此,律师要千方百计去维护律师个人正派形象,做一名专业、敬业的好律师。

窃以为,律师不是做大的行业,而是做强的行业。律师或律师事务所应当在增强竞争力上多下功夫。

高调做事,可以让律师更优秀;低调为人,可以让律师更稳健。

思 考

军旅，造就了我成为律师的天地情怀

军人，造就了我们顽强坚韧的性格毅力；
军人，造就了我们干练机智的出庭风格；
军人，造就了我们严谨敏锐的工作作风；
军人，造就了我们乐观进取的人生态度；
军人，造就了我们宽广博大的律师情怀；
……

军人和律师虽然是两个不同的职业，但在不断进取的过程中面对困难、挑战、危险，是其共同的职业特点。对于我们曾经从过军的律师来说，在和平年代下，从一定意义上讲律师是军人职业的最好延伸，是军人职业的自然归宿。就我个人而言，律师是我从军之后的人生必然。

没有曾经从军的历史，就没有我作为律师的今天。

20世纪80年代末，我原本是在军营里天天练扔手榴弹、捆炸药包，练

摸爬滚打,练擒拿格斗。练的时间久了,很自然地要开始考虑退役后的去处,偶尔也会冥思苦想。但怎么去想,也没有想到离开部队后会去当律师。

一个偶然的机会,上海某法制刊物举办"普法知识百题竞赛"。参加一下吧,答案寄了出去,没想到竟然得了个三等奖。嚯!这下可高兴坏了!

从此,想法一发不可收——学法律。心里还开始暗暗下起了决心!

一开始学法律的目的也很单纯:打发一下在部队军事训练之余的闲暇时光,也捎带满足一下学习的愿望,当个有文化的兵。

老实说,当时对于将来离开部队到底能从事什么工作只有一些模糊的概念,不可能很具体。早二十年,现实离梦想是很遥远的,根本没有奢望能做一名在法庭为他人分黑白、辨是非的辩护律师。当时的我,对于律师虽有所思,但对律师的印象主要还是从欧美片、港台片等影视作品里得来的概念。

开始挑灯夜战,开始寒窗苦读,读安大、上华政……

之后,还真的当上了一名律师,而且是当时安徽省第一律师事务所的律师。

一开始做律师时,很多人,甚至包括我的一些律师同仁们都很不以为然。道理很简单:当我的同龄人在大学法学院研读法律的时候,我还在军营训练场上摸爬滚打;当我的同龄人在法庭上唇枪舌剑的时候,我还在窗前苦读,还在接受学历教育。但时间久了,军人冲锋在前的性格,开始在我执业过程中显现,有时亦在大律师面前"小试锋芒"。

说实话,我开始从事律师职业的那个年代,国家、社会并没有赋予律师更多使命的色彩。在我的脑海里,律师应该差不多就是一份养家糊口的职业,因为那时候的律师还占国家编制,律师属于国家干部。

也许是军营里多年摸爬滚打的缘故,当时我还没来得及认真思索律师

思 考

真正法律意义上的角色。教科书里专家、学者虽然对律师的法律地位谈得头头是道,但结论也是见仁见智,不一而足。也正因为如此,那个时候律师在法庭上的发言,无论是辩护意见还是代理意见,无不表现出"一腔正义""疾恶如仇""同声谴责"等时代特点。

然而,1998年夏天开始,我在代理一起民告官的法律援助案件之后,真正开始思考起律师的角色和作用。

那年夏天,天气出奇的热,本该在田间地头辛勤劳作的黄山农民王某的父亲却因当地公安机关工作人员不当搜查和传唤而喝农药身亡。王某的父亲死亡后,公安机关百般推卸责任,甚至还威吓王某。此时的王某,由于家境贫困,根本无力、也不敢与公安机关理论,更不敢想去同公安机关对簿公堂、打官司。从案情上看,公安机关工作人员行为的违法性非常明显,而且影响很坏。此事件就连当地一些朴素的村民也看不下去,他们特地结伴到省城合肥要请当律师的我来为他们申冤。王某开始准备起诉公安机关,我也毅然以法律援助的形式接受了王某的委托。由于王某告的是当地的公安机关,虽然我们已经有了一些可能会受到阻碍的心理准备,但怎么也没想到当地基层法院却不受理王某的起诉,并明确表示不立案。迫不得已,在"调整并加大"诉讼请求后,我们便向当地的中级人民法院起诉。然而,当地中级法院虽然受理了这起"民告官"案,但在开过庭之后,法院很快就以"不属于人民法院受理范围"为由驳回了王某的起诉。根据原先基层法院不受理王某起诉所得出的经验,对于作为一审的当地中级人民法院为什么要作出这样的判决结果,我和王某包括同村村民早已心知肚明。为了让王某父亲之死能够在法律上有一个公正的说法,我们及时对一审判决提出上诉。在上诉过程中,我不惜为王某垫付了近2万元的各种费用,并克服种种困难,不仅走过了炎炎夏日,还走过了寒冷的冬天,往返于合肥与

黄山之间三十余次,顶住来自各方面的压力,多次深入现场,走访了二十几名证人,取得了大量第一手证据材料。最终,一审法院的错误判决终于被上级人民法院依法撤销。

试想,在这起"民告官"行政诉讼案件中,假如没有律师及时有效地介入,或许不会有这起"民告官"的行政诉讼案件,但法律缺失所产生的浓厚阴影将会一定程度上留在百姓的心里。

或者是冤屈,或者是无助,或者是病残,或者是贫困。它们构成了每一个需要律师提供法律帮助的人们的典型特征。

执业过程中碰到的每一件案子,无论他是一位亿万富翁,还是一介贫民百姓,我都能像一名医生那样面对一位急需要帮助的病人,做到仔细地问诊、号脉。在十五年的律师执业生涯中,有无数病入膏肓的"病人"因我的努力而"起死回生"。当然,很多时候我也会无能为力……只有此刻,我才能更加深切地感受到,百姓不仅需要保护他们的法律,更需要精通法律来保护他们的律师。

为了实现自己终身从事执业律师的理想,追求一加一大于二的律师团队服务效果,同时也为了培养与提携律师新人,更好地为社会大众提供优质的律师法律服务,我于2006年率先在合肥创办了个人出资的律师事务所——安徽王良其律师事务所。安徽王良其律师事务所从成立的那天起,就树立了高起点、高标准、高水平、高质量的法律服务目标,并以"为客户创造价值,让律师飞得更高"为办所宗旨。我们从建章立制着手,不断完善各项规章制度,并确定专业化、特色化为律师事务所的发展方向,不断拓展新的业务领域。我还根据十五年的律师从业经历摸索出的律师工作经验,以培养和建立律师核心价值观为主轴,累积和丰富律师事务所文化,使得律师事务所团队稳定,服务质量和美誉度上升,当事人的信赖和认同程度也大幅度提高。

"良心、理性、公平、正义",我们永远不变的价值取向。多年的努力,终于结出丰硕的成果。2006年初,我以名列第二的7万多张选票,高票荣获"第四届合肥十大新闻人物"称号;2007年12月还被中国中小企业协会和中国中小企业家商业协会联合授予"服务企业发展全国优秀律师"称号;2008年5月,在安徽省司法厅组织的首次对为安徽律师事业的发展作出突出成绩、在律师执业中表现突出的律师进行记功奖励的活动中,我被安徽省司法厅记个人三等功一次;2009年3月,我所创办的律师事务所成立仅两年,就被安徽省司法厅选入"安徽省律师事务所综合实力五十强";2009年10月我还荣获"安徽省十佳律师"称号;2009年11月22日我在北京人民大会堂被中国中小企业家年会授予服务中小企业"全国十大杰出律师"称号。

"身处槛内受风雨,境在世外看桃花。"如今,我已经把律师作为自己的终身职业,虽然前面有可能是刀山,也有可能是火海,但我矢志不移。

十年磨一剑。相对于"公权力"而言,律师在整个国家的法律体系当中是"私权利"的唯一体现和代表。律师是法律天平上的另一端。

推进法治建设 重在加强法治思维

党的十八届四中全会提出"依法治国"方略,其实质是转变固有观念,牢固树立宪法意识,建立法治思维。

在依法治国的道路上、在平时的工作中,应重点加强党的建设,强化对党员干部的培养和教育。党对政府工作的领导应注重加强路线、方针、政策的领导,作为党委对司法工作领导的政法委,也应加强角色定位,对司法工作的领导,也要加强路线、方针和政策的领导。

政府机关在法治建设中,应着力加强依法行政,权力行使应当有边界意识,要为法律规定的公民权利的实现创造条件和提供保障,以维护法律规定的良好秩序为政府己任。

人大作为国家权力机关,在依法治国过程中,应着力强化宪法意识,规范立法活动,杜绝违宪行为,对一府两院的工作实施法律监督和检查,及时查处违宪行为,切实做好法律监督工作。

法院、检察院作为国家的司法机关,在工作中应重点强调相互制约,行使好审判权和检察权,真正做到排除干扰独立办案,守好司法的最后一道防线。保障律师依法行使辩护权和代理权,防止滥用职权,枉法裁判,充分保障人权，杜绝冤假错案。在民事案件的办理过程中，做到依法裁判，不办人情案、关系案。

公安机关作为社会治安的维护者，首先要带头遵守法律，提高执法公信力，打造信用公安，依法行使侦查权，不越权、不越位，适应在律师的"监督"下开展侦查工作，保障办程序正当、合法。

律师在国家法治建设的进程中，作为私权利的维护者，除了做好被聘单位的法律顾问工作外，在办理刑事案件中，要敢辩、善辩；在办理民事或行政案件过程中，要维护好案件当事人的合法权利。此外，律师要积极在法治建设中，积极为党和政府献言献策、参政议政，为促进整个社会良好法律秩序的形成贡献力量。

站在前沿

在这个世界上，为保障一个国家和民众的安全，有两种职业力量是不可或缺的：一个是军人，还有一个就是警察。在和平条件下，军队的作用是隐性的、潜在的和威慑性的。但警察的作用则是凸显的、现实的和发挥性的，即警察时时刻刻都在发挥着法律秩序维护者的作用。试想：如果没有警察，潘多拉魔盒不知要向人世间释放出多少邪恶、贪婪、杀戮、欺骗、偷窃、恐吓、诽谤、嫉妒、狡诈等制造人类痛苦的魔鬼！

坦白地说，我对交通警察的理解，要得益于位于合肥市大西门路口一位不知姓名、形象清瘦的交警；对经侦警察的理解，要得益于安徽省公安厅经侦总队一帮夜以继日侦破经济大案的经警；对刑事警察的理解，要得益于原合肥市蜀山公安分局刑警大队一帮不分白天和黑夜工作的刑警……

大西门那位清瘦的交警，我不知他在大西门路口已站了多少年，但凡风雨雪天中大西门路口总是存在他的身影，如同一尊在雪天中会挥手的雕塑。省厅经侦总队干警当年为侦破金融大案，长年累月在深圳不分昼夜地

思 考

收集和审查堆积如山的账册、提审狡猾的犯罪嫌疑人,以至作为律师的我时常对朋友们说"我对警察的深刻认识是从这起案子开始的"。蜀山刑警大队大队长虽然有一副不乏儒气的俊朗身形,但时不时脸上挂着明显的倦容,"又发生了一起杀人案,已两天没有睡觉了。"他常对我这样说。

国家政治生活中的决策、市场经济主体要求的公平、民众百姓生活要达到的安全,都会促使人们关注司法是否公正。殊不知,人间正义天平上的一头常常是由警察来增加砝码的。如果没有警察,谁能够把人世间罪恶的魔鬼送上法庭?如果没有警察,谁又能关上潘多拉魔盒并让人们生出对生活的无限希望?

作为执业律师的我,由于工作关系时常会和警察打交道,而且常在法庭上对警察收集的证据提出诸多或是犀利,或是尖锐地质疑。在常人看来,我们的工作就是和警察"针尖对麦芒"。不错,因为我们是天平的另一端。是的,虽然我们在天平的另一头,但作为法律人的我深知,尖锋相对的目的,都是让法律的天平更加彰显社会正义。因此,社会正义天平的存在和完整应当是警察和律师永远不变的共同价值。没有天平的存在,就没有正义的尺度;没有天平的存在,就没有及时的正义;没有天平的存在,就没有看得见的正义。

星移斗转,人间正道是沧桑。人民警察,一颗永远不变的丹心!

游记

律师情怀
LÜSHI QINGHUAI

律师情怀
LüSHI QINGHUAI

游　记

俄罗斯人的情结

　　俄罗斯帝国，就是我们历史教科书所称的俄国或沙俄。14世纪中期，从蒙古帝国之金帐汗国独立出来的诸多罗斯公国之一的莫斯科公国日渐强大，兼并周围小国。1547年，莫斯科公国大公伊凡四世加冕称沙皇，沙皇在俄国诞生。1613年，俄罗斯帝国沙皇米哈伊尔·费奥多罗维奇·罗曼诺夫在莫斯科圣母大教堂举行加冕典礼，开创罗曼诺夫王朝。1721年，彼得大帝与瑞典进行的北方战争胜利后，俄罗斯参政院授予他"全俄罗斯皇帝"的头衔，俄国成为正式意义上的帝国。执着权杖和金球的"双头鹰"成为俄罗斯帝国的国徽。此后，俄罗斯领土不断扩张成为世界性帝国，并长期充当"欧洲宪兵"的角色。1917年"二月革命"后，俄罗斯帝国皇帝尼古拉二世被迫签署退位声明，俄罗斯帝国灭亡，共计304年。

　　俄罗斯帝国全盛时期领土面积达到2500万平方千米，最东曾拥有阿拉斯加（后卖给美国），势力范围广大。人口最多时为1.7亿人（如今俄罗斯人口为1.4亿人）。自留里克王朝起首都为莫斯科，1712年后迁至圣彼得

堡直到1917年。

最初,俄罗斯只是一个在莫斯科附近的小国,其帝国的地位并不被世界各大国所承认。1689年的沙俄政权是一个落后的国家,并落后于我国的清政府,主要方面比西欧落后很多。同西欧相比,俄国几乎还处在中世纪时期。

彼得,1672年生于莫斯科,1725年去世。他是一位杰出的帝王,被称为俄国最伟大的沙皇。彼得与中国的康熙帝同时代(康熙生于1654年,卒于1722年,比彼得大18岁)。彼得是沙皇阿列克谢·米哈伊洛维奇和他的第二个妻子维塔利娅·纳利什基娜的独生子。彼得不到4岁时父亲就去世了,由于存在众多同父异母的兄弟,因此在王位的继承人问题上曾展开了一场漫长的殊死斗争。其间,彼得同父异母的姐姐索菲娅·阿列克谢耶夫娜做了几年摄政王,直到1689年才被免去摄政王位。

1689年,年轻的彼得一世亲政后,为了保护南方的国界而开始对抗鞑靼和奥斯曼帝国。为了继续与奥斯曼帝国的战争,彼得开始到欧洲寻找盟友并学习西方的科学技术,拜访了勃兰登堡(普鲁士)、荷兰、英国和神圣罗马帝国(奥地利)等国家。

为了增加与西方交流的机会和寻找俄国在波罗的海的出海口,彼得在1700年与奥斯曼帝国停战,并对当时欧洲最强国家之一的瑞典宣战。在芬兰湾的纳尔瓦,瑞典军证明了俄国军完全不是他们的对手。幸运的是,瑞典在这时陷入了波兰王位的争夺当中。利用这喘息的时间,彼得建立了一支新式西方化的军队。当两支军队于1709年在波尔塔瓦再度相遇时,俄国击败了瑞典。北方战争一直持续到了1721年,瑞典同意了《尼斯塔特条约》,俄国终于得到了在波罗的海的出海口以及与西方交流的窗口。也还是1721年,彼得下令把首都从莫斯科迁到圣彼得堡。从此,圣彼得堡就成了俄国与西欧交往的主要地点。

叶卡捷琳娜二世时代，俄罗斯帝国开始的第二次大的对外侵略扩张，分别向南部和西部用兵。1768年，俄国与已经衰败的奥斯曼土耳其帝国之间爆发了战争，土耳其战败，1774年签订《凯纳甲湖条约》。根据这个条约，俄国取得了黑海的出海口，克里米亚的鞑靼则从奥斯曼帝国"独立"，后俄国又在1783年吞并了克里米亚。1787年，第二次俄土战争爆发，1792年战争结束，俄国将其势力伸入巴尔干半岛。虽然奥斯曼帝国没有被俄国完全赶出欧洲，但已不再是俄国的严重威胁了。在西方，俄国则趁着波兰国势日虚之际，与普鲁士、奥地利三次瓜分波兰。

此时的俄罗斯已经是一个欧洲的主要国家。1812年6月，拿破仑率领了60万大军侵略俄国，比俄国正规军多两倍以上，而且装备更加精良。但在拿破仑推进的同时，法国也面临着过度扩张的问题。俄国使用的焦土战争的策略，加上俄国寒冷的冬天，使得拿破仑遭遇了灾难性的惨败，仅不到3万人回到了法国。在法军撤退之际，俄军则推进到中欧和西欧，最后到了巴黎的城门边。在反法同盟击败拿破仑后，沙皇亚历山大一世被视为欧洲的救世主。

19世纪晚期和20世纪初期的俄国进入了危机时期。欧洲的工业革命使得俄国与西方的发展差距越来越大。虽然帝国的人口较任何一个欧洲国家都多，但大部分都比较贫穷。1905年日俄战争的失败更导致百姓对皇权丧失信心，俄国境内不断发生流血革命，而第一次世界大战则是压垮俄罗斯的最后一根稻草。1917年3月，首都彼得格勒（即现在的圣彼得堡）市民发动反饥饿游行，引发"二月革命"。3月2日沙皇尼古拉二世退位，传位给弟弟米哈伊尔大公，但是遭到他的拒绝，于是罗曼诺夫王朝灭亡，被亚历山大·克伦斯基所领导俄国临时政府所取代。

佛罗伦萨，汽车时代的宁静小城

佛罗伦萨是意大利中部的一个城市。佛罗伦萨的旧译名是"翡冷翠"，比如徐志摩的《翡冷翠一夜》说的也就是佛罗伦萨。"翡冷翠"，在意大利语中意为鲜花之城，虽然看上去略有些匪夷所思，但是这个精致美丽的名字倒颇让人有些幻想。佛罗伦萨是一座具有悠久历史的文化名城，15至16世纪，佛罗伦萨是欧洲最著名的艺术中心，是欧洲文艺复兴运动的发祥地，也是举世闻名的文化旅游胜地。市区仍然保持古罗马时期的格局，是文艺复兴的艺术宝库。

佛罗伦萨最为辉煌的时刻，要数文艺复兴时期。美第奇家族酷爱艺术，在其保护和资助下，当时积聚在佛罗伦萨的名人众多，如达·芬奇、但丁、伽利略、米开朗琪罗、马基亚维利（《君主论》的作者）等都是其中之一，而正是众多卓越的艺术家们创造的大量的闪耀着文艺复兴时代光芒的建筑、雕塑和绘画作品，使佛罗伦萨成为文艺复兴的重中之重，成为欧洲艺术文化和思想的中心。

佛罗伦萨同时还是意大利文艺复兴时期诗歌和绘画的摇篮,伟大诗人但丁就出生在这里。至今,佛罗伦萨仍保存着但丁的故居。许多游人慕名前来这里参观。被称作文艺复兴艺坛"三杰"的达·芬奇、米开朗琪罗和拉斐尔,1506年聚会于佛罗伦萨,成为艺术史上的千古美谈。

不论你是漫步在佛罗伦萨的大街小巷还是来到博物馆、美术馆或教堂参观,定会感受到佛罗伦萨古城那浓郁的文化氛围。

佛罗伦萨不仅全面保留了欧洲文艺复兴时期的建筑格局和风貌,而且最难能可贵的是,佛罗伦萨市还保持着数百年前的宁静。在该市的各个巷道上,你绝少听到汽车喇叭声。

佛罗伦萨,作为文艺复兴的发祥地,在汽车时代还能保持数百年前的宁静和艺术性,不得不让人肃然起敬……

拉斯维加斯
——美国大漠深处淘出来的"金矿"

拉斯维加斯，沙漠里崛起的神话，不仅拥有饱含希望的人们的辛酸与荣耀，成功与失败，也同时拥有着世界酒店奇观和顶级的现代管理文化。

拉斯维加斯，埃菲尔铁塔、威尼斯人造天空以及人造河流等融合了全球各地的建筑风格，同时又极具创意的建筑造型，均充满着丰富的艺术想象力。

拉斯维加斯，"赌城"不夜天。

还没有完全倒过来的时差，又接连两天公务，很是有点累。

今天我们决定要去"赌城"拉斯维加斯休整一下。虽然是第一次来美国，但对于我们这些来自于中国的造访者来说，她并不陌生——大量文学艺术作品中，有太多发生在拉斯维加斯的故事……

游　记

　　我们于当地时间上午 11 点 30 分从美国的西海岸城市洛杉矶出发，向东北方向行进，很快就进入了美国的第 15 号高速公路。大约二十分钟后，汽车就驶入了美国西部的茫茫戈壁沙漠。高速公路上川流不息的车流，打破了浩瀚荒漠的寂静。

　　汽车在美国的沙漠里飞奔了近五个小时。一路上，从车窗往两边看，真怀疑我国唐朝诗人王维的"大漠孤烟直，长河落日圆"写的是否是这里。虽然在此之前我从一些相关资料中已了解了不少有关拉斯维加斯的情况，但现在，无论我的想象力如何丰富，也不能把眼前的戈壁沙漠与极尽奢华的拉斯维加斯联系在一起。还有，从我们眼前"飘过"的陈旧木头电线杆，竟匪夷所思地支撑着高压线……美国的现代工业文明与眼前的荒凉景象，让我的思绪开始短路……

初见赌城

　　汽车在戈壁沙漠的高速公路上继续奔驰。天快要黑了。公路两边黑黝黝的戈壁山夹着高速公路上车流灯光所形成的光带，我也开始渐渐犯困了……

　　突然，巨大的轰鸣声把我从睡梦中拉醒。巨大的飞机从我们的车顶上低空飞过。眼前不断闪烁着五彩斑斓的灯火让我打起了精神。导游说，眼前就是在夜晚中开始"复活"的拉斯维加斯。

　　此时，汽车已进入市内的拉斯维加斯大道，由于游客太多，汽车通行缓慢，我们放下车窗，此时月光下"法国"的埃菲尔铁塔和凯旋门金碧辉煌；百丽宫音乐喷泉在五彩灯光的直射下冲上云霄，激昂的音乐让人仿佛觉得已置身于维也纳金色大厅；一座座造型各异的巨型酒店兼赌场在各式灯光的映衬下，变得像一块块剔透的玉石，空气中似乎还可以闻到巧克力

商店里传来的香味……道路上各种肤色的游客,不断地举起他们手上的照相机……

我们被安排入住到"Excalibur"(意思为"神箭")酒店,这是一家拥有4060间客房的酒店,是拉斯维加斯第二大赌场。进入酒店大厅,嚯! 一个比足球场还要巨大的一层大厅内摆满了各式各样的赌博机器和形态各异的牌桌。人们都在聚精会神地操纵着机器或摆弄着各式玩法的纸牌。穿越大厅时我们发现,除牌桌外,还有银行、酒吧、乐队、摇滚女歌手的高亢演唱……虽然赌场里的声音有点热闹,但秩序井然。我们足足走了五分多钟才来到酒店总台。登记、出示护照、取房卡。为了急于感受这些"西洋景",我们急匆匆地上电梯将行李物品放入房间,又急匆匆地返回到酒店一层大厅。各种肤色的人群,形态各异的牌桌,各式各样的玩法,神态各异的表情,还有赌场发牌员下颚边堆积如山的筹码,以及一些专门从香港和澳门高薪聘请、会说汉语的发牌员……

在拉斯维加斯,星罗棋布的酒店都是酒店兼赌场。赌场虽然是一天24小时对外营业并终年不停,但在赌场内没有钟表设置,目的是让赌客们"忘记"时间。各家赌场为了吸引顾客,都将酒店兼赌场周围的环境打造成世界各地的人文景观,并让其变得如梦如幻……金字塔、凯旋门、威尼斯,二楼上的人造天空和河流、百丽宫的喷泉可变换5000多种造型……赌场投资商们无所不用其极。酒店的结构一般都是一层为赌场,二层、三层为商场,四层、五层等或为美食或为艺术品展示……其他均为客房。

据相关资料统计,拉斯维加斯全城有大大小小约250家赌场,14.6万间客房,客房一年365天平均入住率超过70%。拉斯维加斯还是世界上著名的会议展览城市。2002年共有510万的人士在拉斯维加斯参加各种各样的展览会。诸如此类,让这个拥有170万人口的现代化沙漠城市每年吸引着

3890万的游客,居美国各大城市之首。

博彩业创造出的神奇

赌城拉斯维加斯,地处美国内华达沙漠边陲,周围环绕着1000米至3000米的高山。拉斯维加斯是美国内华达州最大的城市,有着以赌博业为中心庞大的旅游、购物、度假产业,是世界知名的度假胜地之一。在这个沙漠环绕的地方,所有的注意力都集中到热闹非凡的拉斯维加斯大道,世界上十家最大的度假旅馆就有九家是在这里,其中最大的就是拥有5005间客房的米高梅饭店。大道两边充塞着自由女神像、埃菲尔铁塔、沙漠绿洲、摩天大楼、众神雕塑等雄伟模型,模型后矗立着美丽豪华的赌场酒店,每一个建筑物都精雕细刻,彰显着拉斯维加斯非同凡响的奢华。

然而,要是美国人缺乏想象力和创造力,那么,拉斯维加斯至今可能还是个一毛不拔的戈壁沙漠。

"Las Vegas"源自西班牙语,意思为"肥沃的青草地"。人们将这片荒凉干旱的不毛之地命名为"肥沃的青草地",来祈祷一片肥沃的草原,好放牧牛羊。但是,据说在19世纪中叶,一名造访过拉斯维加斯的陆军中尉曾经绝望地认为,从此往后,再不会有人涉足这片沙漠!

拉斯维加斯是周围荒凉的沙漠和半沙漠地带唯一有泉水的绿洲,由于有泉水,这里逐渐成为来往公路的驿站和铁路的中转站。1931年,美国大萧条时期,内华达州议会通过了赌博合法的议案,使拉斯维加斯成为一座赌城,从此迅速崛起。由于赌场是个淘金碗,美国各地的大亨们纷纷向拉斯维加斯投资建赌场,甚至日本富豪、阿拉伯王子、世界顶级演艺明星均来投资。

博彩业带动了旅游业、娱乐业的发展。为了使经济稳定发展,赌业公

会实行严格的自律机制,对投资人进行严格的审查,对各赌场进行严格的监督,一旦发现问题,当事人将永远从允许在当地经营赌业的名单中除名。

为了吸引游客,当地社会治安治理得非常好,对中了头奖的人,如果需要,由两名警察将其全程护送到在美国任何地方的家中。

各个赌场的设计都以金碧辉煌、奇形怪状的建筑物来吸引游客,所有赌场 24 小时开业,赌博玩法五花八门,赌场内从小赌怡情到一掷千金的赌客各显身手。在赌场中,只要付款,招手就有人给你送饭,从普通快餐到豪华大餐应有尽有。虽然后来内华达州的其他城市如雷诺也发展赌博业,但拉斯维加斯凭借交通便利和接近大城市洛杉矶的地理优势,仍然占据着美国赌博业的头把交椅。

拉斯维加斯赌博业的蓬勃发展,带动了当地娱乐业的发展,各国著名的歌舞团体及世界知名影星和歌星都以能登上拉斯维加斯的华丽大舞台而感到自豪,并因此吸引了众多游客进场欣赏其演出。

享有"世界结婚之都"称号的拉斯维加斯大概是世界上结婚最简单的地方,一天大约发出 230 张结婚证书,一年大约发出 10 万张结婚证书。这里有个永不关门的婚姻登记处,平均每年有近 10 万对男女到这里登记结婚,其中外地人和外国人占 65% 至 75%。在结婚登记处,不需要出示证明文件,只要支付 55 美元的登记手续费,就可以在 15 分钟内拿到结婚证书,然后在附近的教堂找个牧师举行婚礼。结婚容易,离婚自然也就简便。

拉斯维加斯米卡兰国际机场距离拉斯维加斯大道仅有约 1.6 公里,米卡兰国际机场是最现代化的国际机场之一,拥有 93 个登机门,每天起降航班多达 720 架次。机场的班机通往世界各地,私人飞机很容易在拉斯维加斯降落。

拉斯维加斯是美国人最喜欢的旅游地点之一、不折不扣的不夜赌城,一夜致富的故事时有耳闻。拉斯维加斯更是个多元化的都市,因为除了博彩业外，她还提供奢侈豪华的度假旅馆、闻名世界的娱乐节目、物超所值的佳肴、近乎完美的高尔夫球场、妙趣横生的水上活动场所和儿童游乐场……总之，在这座城市里总能找到一处属于你的天地。

但是，每年来拉斯维加斯旅游的3890万旅客中，购物和享受美食的占了绝大多数，专程来赌博的并不是很多。内华达州这个曾经被人讽刺为"罪恶之城"和"赌掉工资"的赌城，已经逐步成熟，成为一座真正的现代化城市。1990年到2000年这10年里，拉斯维加斯的人口增加了80%，目前已达到190万人。而这座城市的吸引力也慢慢变得多元化。

这个城市不仅仅是"赌城"的代名词。在这里，你可以找到美食、找到艺术、找到娱乐、找到一个多元化城市的所有要素。

"赌城"发展的历程，或许能给我们以某种启迪

我们再回过头来翻翻"赌城"的简历。

1854年，拉斯维加斯由当时在美国西部的摩门教徒建成，后来摩门教徒迁走了，美国兵使其变成一个兵站。

1905年，"赌城"拉斯维加斯正式建市。在内华达州发现金银矿后，大量淘金者涌入，拉斯维加斯开始变得繁荣，但如同美国西部各采矿城镇一样，一旦矿被采光，拉斯维加斯就会被抛弃。

1910年，拉斯维加斯关闭了所有的赌场和妓院。

20世纪30年代，拉斯维加斯东南47公里处胡佛水坝筑成，坝后的米德湖为世界最大的人工湖之一，充足的水源供应保证了拉斯维加斯城市的生存与发展。

1931年美国大萧条时期，为了渡过经济难关，内华达州议会通过了赌博合法的议案。此令一出，几乎在一夜之间，市区的赌场纷纷成立，查尔

斯顿娱乐区和死亡谷国家公园就很具代表性。赌场日夜开业,其气派可与欧洲摩纳哥的"世界赌城"蒙特卡罗相比,拉斯维加斯的"赌城"之名由此传开。

1946年,拉斯维加斯出现了大型赌场。

20世纪50年代,拉斯维加斯发展成为以赌博为特色的著名旅游胜地。

20世纪60年代开辟了沙漠疗养区。城市经济主要依赖旅游业,拥有多家豪华的夜总会、酒店、餐馆和赌场,有查尔斯顿娱乐区和死亡谷国家公园。城郊是矿区和牧场,有规模宏大的内利斯空军基地、美国能源研究所和开发局的内华达试验场。每年5月的赫尔多拉多节,居民穿着古老的西部服装举行竞技表演和游行。

1990年,"中国城"也在拉斯维加斯落户,很快成为亚裔美国人的聚集地,拉斯维加斯成为美国发展最迅速的城市之一。

1993年起,"金字塔""金银岛""米高梅"等斥资数亿美元建设的主题度假饭店陆续在拉斯维加斯开业,每年前往拉斯维加斯的游客骤然增加。从一个巨型游乐场到一个真正有血有肉、活色生香的城市,拉斯维加斯在10年间完成了脱胎换骨的巨变。

拉斯维加斯,这个世界上最没有根基的地方,终于也把根深深地扎下了。

不是尾声的尾声

拉斯维加斯——一个曾经荒凉的"沙漠之城",如今已变得美轮美奂,并拥有世界酒店奇观和顶级的现代管理文化。

拉斯维加斯,美国人的神奇,美国人在大漠里创造的神话,美国人在荒漠深处"淘"出来的"金矿"……

游 记

欧洲之行
——西欧汽车文明散记

2007年6月12日当地时间18点30分(北京时间6月12日零时30分),我们安徽律师赴欧洲考察团一行5人,乘坐中国国际航空公司的班机,降落在意大利罗马达·芬奇国际机场。随后的欧洲之行,我们穿行于西欧的各个城市之间,行程达四千公里。西欧多元和谐的人文景观与美丽幽雅的自然环境给我们留下深刻的印象。

在欧洲旅行,不能不提到西欧的汽车。汽车在西欧不仅是一种方便、快捷、安全的交通工具,更是代表着一种文明、先进的现代文化。

汽车展示驾车人的个性并呈多样化

从离开罗马的达·芬奇国际机场进入去往罗马市区方向的高速公路的那一刻起,映入我们眼帘的首先是各式各样的汽车。

据意大利朋友介绍,西欧国家的小汽车已经工具化了,只要是在工作的人,基本上都有自己的小汽车。在此我联想到,西欧国家街道上的行人

为什么会很少,而汽车非常多,他们是不是都在开汽车了!

据了解,我们所崇尚的奔驰轿车在斯图加特市的占有率高达27%,在德国的占有率为12%。在斯图加特的大街小巷,甚至乡间公路,时常可见年轻人开着奔驰豪华房车、敞篷跑车急速驶过,一辆比一辆光鲜亮丽。斯图加特有许多老爷车迷,喜欢将"老爷车"修复后开着玩,"老爷车"驶上大街并不鲜见。花10万欧元买一辆产于20世纪60年代的奔驰"老"跑车,是不少年轻小伙子的时尚。德国对汽车尾气排放规定极为严格,却有一条法律规定——对30年以上的"老爷车"不作任何限制。

在高速公路上,不时有一对对银发老人坐在驾驶室里开着房车从我们身边经过。房车车厢后面还悬挂有水厢、自行车等物品。据意大利的朋友介绍,很多老人退休后卖掉房子买房车,再开着房车出去度假。

在西欧国家,无论是意大利罗马,还是德国法兰克福,或是法国的巴黎,站在街头放眼望去,我们很少看见两辆形状或款式相同的小汽车。他们开的车呈多样化,极富有个性,以两厢车、单门汽车、跑车、敞篷车、微型车居多。我们所称的"三厢"轿车在西欧国家很少。我们所羡慕的三厢"大奔"等高档豪华轿车,在德国、荷兰、法国的一些城市仅仅是作为出租车。

说到奔驰汽车,我们不能不提到位于西欧各地的汽车博物馆。在西欧国家,各种有名的汽车品牌都有自己的汽车博物馆,如法拉利、宝马和奔驰。在参观位于慕尼黑的宝马汽车公司总部以后,我们就直奔很具有代表性的、位于斯图加特的奔驰汽车博物馆。

奔驰汽车公司(原称戴姆勒-奔驰汽车公司,1998年与美国克莱斯勒汽车公司合并后改称戴姆勒-克莱斯勒公司)总部的奔驰汽车博物馆,坐落于斯图加特。进入博物馆,首先看到两件"世界之最"——世界第一辆汽车和第一辆摩托车。在自助式中文解说器的帮助下,我们按照时间顺序,看到了所有在奔驰汽车公司发展历史上具有重要意义的汽车产品。因为奔驰公司的历史也就是世界汽车的发展史，所以整个博物馆几乎就是一本汽车发展史的立体教科书，世界汽车发展的脉络在此一览无余。除了不同时代的汽车以外，在汽车的周围还展示了与该汽车所在时代相对应的物品、图片、音乐等，使游览者仿佛置身时光长廊之中。

行人绝对优先通行

在出国之前，我就听说德国人是遵守交通规则的模范。德国人即使是在夜半三更、在街道上"空无一人"或"空无一车"的情况下也是绝对不闯红灯的！

在德国短暂的停留时间里，虽然我无法印证上述事实，但西欧驾车人的良好习惯真令我等驾车人汗颜！他们在离斑马线5米远的地方就让汽车停下来，以避让行人通行。

除了行人优先外，西欧国家的驾驶员之间谦让的文明程度也是令我等诧异，比如，在通过十字路口大圆盘的时候，准备进入圆盘内的车辆会在5米开外停下车来，让从圆盘内出去的车辆先行通过。

在西欧国家堵车现象也很多，但在西欧考察的日子里，我们没有发现强行加塞插队或占道前行等现象。遇有鸣笛的救护车，其他车辆会纷纷让出急救车道。

当然，乱停车是要被警察罚款的（在荷兰是50欧元），或被警察用特制的锁锁住车轮（解开锁需要支付200欧元）。

据法国的律师同行介绍，酒后驾车不仅仅是严重的违法违章行为，也是被人们普遍视为评价个人道德品行不端的重要标准。

城市里听不见汽车喇叭声

在意大利佛罗伦萨,该市不仅全面保留了欧洲文艺复兴时期的建筑格局和风貌,而且最难能可贵的是,佛罗伦萨市还保持着该城市数百年前的宁静。在该市的各个巷道上,你绝少听到汽车喇叭声。

佛罗伦萨,作为文艺复兴的发祥地,在汽车时代还能保持数百年前的宁静,不得不让人肃然起敬!

不仅在佛罗伦萨,在奥地利的因斯布鲁克,整个城市静静地躺在阿尔卑斯山的山谷里。我特别留意了一下,在这里你更是绝少听见汽车喇叭声,整个茵斯布鲁克城市给人的感觉就是两个字——宁静。因斯布鲁克,像一座世外桃源……

在欧洲国家的一些发达城市,诸如罗马、斯图加特、法兰克福、科隆、阿姆斯特丹,这些城市都是相当宁静的。这一切都构筑了西欧人与自然和谐相处的典范,一边是高度发达的现代文明,一边是宁静安然的自然环境。我想这也是欧洲人追求和谐的一种方式吧。

也许是法国人的天性浪漫,塞纳河畔的巴黎稍微有一些喧哗……

高速公路上不见"尘土飞扬"的汽车

从意大利罗马出发,经过奥地利、德国、荷兰,到达波罗的海沿岸国家比利时,行程三千多公里。我们发现,西欧的高速公路除了奥地利外,其他高速公路一律不收取通行费。不少高速公路都是双向8车道,或者是10车道。尤其是在德国,在高速公路上行车是不限制汽车行驶速度的。很多开着大马力的摩托车飙车族,他们的速度估计有200公里/小时(因为我们坐的汽车行驶速度为160公里/小时,而这些摩托车在超车时犹如离弦之箭,很快就将我们远远地甩在身后)。行驶在这些高速公路上的汽车,大多是一些运送高大集装箱的货车或是其他厢式货车，我们没有看见其他任何一辆敞开车厢的货车。无论是货车还是其他车辆，它们都有一个共同的特点，就是这些车辆的外表很干净，色彩也很鲜艳，甚至连车轮都很干净。

在西欧高速公路上行车，大白天车辆也必须像夜晚一样开着车大灯。这是为行驶更加安全。

在西欧的很多高速公路上，特别是在荷兰和比利时的高速公路上，路中间全部安装了高高的路灯。高速公路上也没有我们常见的"高速公路不高速"，或者"高速公路每年修一次，一次修一年"的奇怪现象。而且，只要路边有房屋，路的两边全部安装上隔音板。

西欧的天气很奇特，一会而是艳阳高照，一会儿又下起了倾盆大雨。但在高速公路上有一点很特别，即无论雨下得多么大，路面上始终没有积水，加上路面的特殊颗粒状设计，汽车在雨天行驶时也不会打滑。

在意大利的高速公路上，驾驶大货车的驾驶员有很多是满头银发的老司机。他们开车时神情很专注，宽大汽车驾驶室挡风玻璃上方挂着十字架，或各种宗教人物的雕像，或预示好运的吉祥物品。无论是在意大利，还是在西欧其他国家，满头银发的老司机开着高大的集装箱货车，行驶在两旁尽是森林、麦地、葡萄园、如地毯般草坪上悠闲吃草的牛羊的高速公路上，已成为西欧国家高速公路上一道很靓丽的风景。

在西欧的高速公路上，除超车需要外，没有车辆占道行驶的行为。所有的车辆都是很有序地在各自的车道上快速地行驶……

加油站是可以吸烟的

在欧盟国家，除德国外，无论是商店还是酒吧，也无论是在博物馆还是在餐馆，都是绝对禁止吸烟的，否则要被罚款76欧元，情节严重的甚至

要被拘捕。因此，在西欧各国的禁烟场所，禁烟工作应该说是做得相当不错的。

但有一处可以吸烟的地方令大家绝对想不到，而且在国人眼里也是最不能吸烟的地方，这就是遍布西欧各地的加油站。说来也怪，西欧各地的加油站也的确闻不到汽油味。

加油是自助式的，每个加油机上都有各种规格的油品，开车人可以自主选购油品。加完油之后，你可以去加油站所设的超市去购物，还可以去加油站的休闲场所喝咖啡、去洗手间。当然，上洗手间你得花上 0.5 欧元，但自动收款机会出一张等值券（类似于我国某些商场里的代币券），如果你在加油站的超市内购物，则可以抵等值欧元使用。

游　记

新圣女公墓，俄罗斯浓缩的历史

莫斯科河蜿蜒曲折，千百年来不倦地从莫斯科城南流过。

苏联解体已经有很多年了，俄罗斯人饱尝了从超级大国沦为世界二流国家的失落。新圣女公墓，每天都会有大批的莫斯科市民来到这里放松心灵，好让他们平淡无奇的生活重新燃起希望。

不仅如此，很多有着深厚俄罗斯情结的中国人也会来到这里"重温"俄罗斯历史情结。

新圣女公墓是欧洲三大公墓之一，它位于莫斯科西南部的列宁山下。斯摩棱斯克教堂的穹顶，在午后的阳光照耀下显得金光灿灿，与修道院棕红色的围墙和郁郁葱葱的古木相映成趣。新圣女公墓在16世纪建成时，它只是作为上层人物和贵族的安葬之处。新圣女公墓总面积7.5公顷，安葬着2.6万多个俄罗斯各个历史时期名人的尸骨。它原来只是一块埋葬修士的普通墓地，19世纪时才真正成为俄罗斯各界名流的最后归宿。

这里有著名政治人物叶利钦、赫鲁晓夫、米高扬、波德戈尔内，文学

家普希金，作家果戈理、契诃夫、奥斯特洛夫斯基、马雅可夫斯基、法捷耶夫，作曲家肖斯塔科维奇，戏剧理论家斯坦尼斯拉夫斯基，舞蹈家乌兰诺娃，画家列维坦，电影演员舒克申，科学家图波列夫、瓦维洛夫，世界第一个太空人加加林等。这些曾经对俄罗斯历史发展起到巨大推动作用的政治人物、军事家、艺术家、科学家、英雄等名人都长眠于此，而且每个人都通过自己独特的墓碑，向世人讲述着他们不同的生命故事。

进入墓区，第一个感觉是一扫通常在陵墓环境中笼罩的那种凄惨惨、悲切切、黯然神伤的心境和气氛，而换之以新颖、独特、耳目一新。几乎每一墓碑都是一件雕塑艺术品。

20世纪30年代，原来安葬在教堂里的一些文化名人也被迁移到了这里。俄罗斯著名作家果戈理等人的墓葬，就是在这个时候迁入新圣女公墓的。果戈理的墓碑显得很高，圆柱形的花岗岩石台上端立着果戈理的半身青铜雕像。齐耳的长发，飘逸的斗篷，仿佛在那里构思着新的作品。在这次迁移过程当中，一个隐藏了多年的惊人秘密被发现了。原来，人们打开果戈理的棺材后惊讶地发现，他的头骨居然不翼而飞了。

果戈理虽然只活到43岁就去世了，但他写下了《死魂灵》和《钦差大臣》等文学作品，成为当时俄罗斯伟大的语言艺术家。据说，果戈理在世时曾再三恳求后人不要为他竖立任何墓碑，让他和大地融合在一起，但后人并没有满足他的要求，因为他对俄罗斯来说太有价值了。所以，人们隆重安葬了他，并给他修了一个墓碑。一个极其崇拜他的著名戏剧家巴赫鲁申说服了看守墓地的修士，将果戈理的头骨挖了出来，藏在家中并视为珍宝。当人们知道事实真相后，巴赫鲁申只得将果戈理的头骨交了出来，但果戈理的家人托人将头骨运到果戈理生前最喜欢的意大利时，受托人却在途中神秘失踪。如今，埋在新圣女公墓的语言大师依旧没有属于自己的头颅。

让果戈理稍感安慰的是，他墓地的邻居是 19 世纪末俄国伟大的批判现实主义作家契诃夫。契诃夫只比果戈理多活了 1 年，死于肺结核的他去世时只有 44 岁。这位短篇小说的巨匠、著名剧作家写出的《变色龙》《套中人》等作品，是俄国文学史上精湛而完美的艺术珍品。

《钢铁是怎样炼成的》一书的作者奥斯特洛夫斯基，临终前的最后一刻，被雕塑家永远地定格在了一块石板上：他的一只手放在书稿上，饱受疾病折磨的身体微微抬起，眼睛凝视着远方。墓碑下面还雕刻着伴随了他大半生的军帽和马刀。

正是果戈理、普希金、托尔斯泰、契诃夫、奥斯特洛夫斯基等文学大师，像一盏盏明灯，照亮了封建沙俄统治下的夜空，点燃了俄罗斯人民渴望自由、追求理想的火种。

歌唱家夏里亚宾的墓前竖立着一座全身雕像。雕像的姿态是当年著名画家列宾为他画的肖像：夏里亚宾坐在沙发里，一手搭在扶手上，一手插在坎肩里，头略微上扬，神情专注，似乎在聚精会神地倾听。这座传神的雕像不仅唤醒了人们对夏里亚宾歌声的追忆，更唤起了许多俄罗斯老人对他的挚爱和怀念。夏里亚宾有一副天生的好嗓子，被称为世界"低音歌王"。他的歌声曾经让世界文学大师托尔斯泰感动得流下了热泪，他低沉的嗓音也震撼了整个世界。然而，就是这样一位伟大的歌手、俄罗斯民族的骄傲，由于受到国内激进分子的诬蔑和诽谤而不得不流亡国外，甚至还被剥夺了"人民演员"的荣誉。

夏里亚宾生前曾赌气地说道："我连骨头也不能埋在这个国家。"但是在他 1938 年去世后，这位不朽艺术家的遗骸，终于从巴黎迁葬到莫斯科新圣女公墓，夏里亚宾又回到了祖国的怀抱。

苏联著名的男高音歌唱家索比诺夫去世后，女雕刻家穆希娜对墓碑的

设计倾注了大量的心血。终于,一只垂死的天鹅形象震撼了所有前来参观的游客。这只美丽的白天鹅成为索比诺夫灵魂的化身。

苏联大剧院的男低音歌唱家列米舍夫的墓前总是布满鲜花,他的许多歌迷总是在休息的时候来到这里,为他们心中的偶像打扫墓碑,敬送鲜花。俄罗斯人用这种独特的方式表达着他们对艺术的痴迷,对英雄的崇敬。

在新圣女公墓的入口处,一座一人多高的白色大理石浮雕,一只翩翩起舞的小天鹅,造型异常高雅,墓主是苏联最负盛名的一代芭蕾舞"皇后"加林娜·乌兰诺娃,她于1998年去世。乌兰诺娃生前主演过《天鹅湖》《睡美人》《胡桃夹子》等名剧,被公认为世界芭蕾舞剧的经典。20世纪50年代,盛年的乌兰诺娃曾来中国访问演出。她的精湛表演,在我国引起巨大轰动。

世界著名的米格战斗机的设计者米高扬的墓碑,设计得非常简洁,一架飞入云霄的米格战斗机反映了米高扬毕生的理想和追求。

穿甲弹设计师拉夫里洛维奇的墓碑更有特点,由于他设计的穿甲炮弹可以穿透100厘米厚的钢板,雕塑家就将他的墓碑设计成了一块厚度为100厘米的弯曲钢板的形状。而墓碑上的三个弹孔,则形象地向后人炫耀着这位武器专家研制的穿甲弹,威力是多么巨大。经他手设计制造的穿甲弹,击毁了无数德国的坦克、装甲车和碉堡,为打败德国法西斯立下了大功。

苏联图式飞机的创始人安德烈·尼古拉耶维奇·图波列夫墓,看上去像他正在构思着新的机型,三角造型的碑石似机翼又似展翅的雄鹰,两翼上刻写着这位伟大的科学家对苏联航空事业的巨大贡献。图波列夫是苏联最著名的飞机设计师之一,也是俄罗斯飞机制造业的奠基人之一,他一生设计了100多种飞机。

埋葬在新圣女公墓的并不都是大师。在新圣女公墓成千上万的墓碑当中,最朴素的可能就是军人的墓碑。在苏联卫国战争期间,他们中的许多人把自己的生命贡献给了祖国。在中国,许多读者都看过《卓娅和舒拉的故事》,小说中的原型卓娅、舒拉以及这部小说的作者——两位小英雄的母亲科斯莫杰米扬斯卡娅都安葬在这里。《卓娅和舒拉的故事》曾影响了无数中国年轻人。卓娅的墓碑形象感人至深:卓娅的墓碑是一尊全身青铜雕像,年轻的姑娘头高高地向后昂起,她双手被紧缚在背后,衣衫破碎,挺着裸露的胸膛,左手臂弯曲在后,右臂前伸,双腿微曲,腾身而起。其表情和姿势就是年仅17岁的她被德军绞死后的真实情景。卓娅死后,她的弟弟舒拉也进入坦克学校学习。他毕业后以指挥员的身份参加了战斗,获得了卫国战争一级勋章和红旗勋章,在战争胜利前夕,他也不幸牺牲。如今,这个英雄的家庭被埋葬到了新圣女公墓,他们的遗体和那些在二战中牺牲的元帅将军们埋葬到了一起。

别勒夏尼诺夫,这位怀抱婴儿的产科大夫,德国法西斯围困莫斯科的900多天里,他在地铁里建起的简易医院内,迎接了1000多个婴儿的平安降生。直到现在,还有他当年接生的人来他的墓前献花。

新圣女公墓虽是墓地,却是一个艺术的殿堂,各种墓碑雕刻精美,造型各异。几乎每位故者的墓碑前都有故者雕塑的造型,或全身,或半身,或头像,还有对故者精神不死的一种弘扬造型及对故者哲学思考的立体几何造型。人们在这里寻找着影响了俄罗斯,甚至整个世界的英雄们的足迹,同时也寻找着那富有传奇色彩的人生故事。

在俄罗斯人的心中,新圣女公墓不是告别生命的地方,而是重新解读生命、净化灵魂的教堂,也是他们寄托哀思、追思往事、慰藉心灵的神圣殿堂。

百年一瞬,圣贤留名。当我们离开新圣女公墓时已是黄昏时分,我想起了普希金的《纪念碑》中的诗句:

律师情怀
LÜSHI QINGHUAI

我所以永远能为人民敬爱,
因为我曾用诗歌,唤起人们善良的感情,
在这残酷的时代,我歌颂过自由,
并还为那些倒下去的人们,祈求过宽恕同情。

游 记

日本人的简约与环保

日本是世界上人口密度最大的岛国，37万平方公里的土地上有人口1.3亿。日本的人口密度是中国的3倍，东京的人口密度是上海的2倍。

在东京或大阪的街头，像是刚刚被雨水冲刷过一样洁净的街道，没有一声汽车喇叭声，满大街找不到一只垃圾筒，看不见一名清洁工……所有这些，我从另一个角度懂得了日本。

"瘦身"的高速公路

我们乘坐的班机降落在日本东京关西国际机场。土地是日本的稀缺资源，为此，关西国际机场在1987年动工兴建时，就把它建造在大阪湾的人工岛屿上。工程师选在大阪湾东南部的泉州海域离岸大约5公里(约合3英里)的海面上建造这个机场确实是需要智慧和勇气的。在机场建造过程中，工程师们遭受一系列挑战，其中包括地震、危险的气旋、不稳定的海床等技术难题。

如今的关西国际机场,这个世界上独一无二的"机场岛",有跨海大桥与大阪相连。大阪机场在 2006 年 Skytrax(一家以英国为基地的顾问公司,主要业务是为航空公司的服务进行意见调查)评比中,获得全球最佳机场第四名。

离开机场,我们直接上了通往大阪市区的高速公路。

日本国土狭小,面积仅为中国的二十五分之一。因此,高速公路比我国的高速公路明显要窄。由于日本地震等自然灾害频繁,中心地带人口密集,所以日本的高速公路建设制约因素很多,同时日本社会经济发达,对交通与物流的需求较高,为解决需求与环境相对立这一矛盾,日本的高速公路建设采用了与欧美国家不同的技术标准,即凡涉及环境和占地方面,均采用较低标准,如车道宽度采用 3.5 米(我国是 3.75 米);车道数一般按近期 4 车道,远期 6 车道设计;一般采用较窄的硬路肩,配以局部加宽的临时停车带(我国多采用全线较宽的紧急停车带);平纵面指标相对较低,减少大填大挖。而在结构选型和可靠度、安全性方面,均采用较高标准,用高技术、高投资、高规格的建筑来满足较高的通行需求,同时最大限度地保护环境和土地。

但是,日本的高速公路路线走向和大自然协调,和沿线地貌相衔接,与保护环境很好地结合在一起。在日本,高速公路两边看不见高路堤和深路堑,基本见不到人工的痕迹。公路和城市道路一样采用暗沟排水,路肩上种植了植被,道路与两边地形柔和、顺势衔接。此外,日本的高速公路的两侧,多数地段均加装了"钛合金"隔音板。这种钛合金隔音板平时可以防止噪声侵扰高速公路两侧的居民,若地震发生时,还可"就地取材"用于灾民搭建临时住屋。

虽然日本的高速公路看起来窄小,但日本的高速公路处于良好的养护状态，少见坑槽和裂缝，平整度较好。他们认为，高速公路排水路面随着多年使用而失去排水功能，并不是由于赃物堵塞孔隙造成的，而是由于所用沥青质量不高等原因，使道路经车辆碾压后变得密实造成的。从1999年开始，日本规定在新建道路上全部使用排水路面结构，改建道路也要求采用排水结构。到目前为止，全日本50%以上的道路采用排水路面结构。因此，日本的高速公路使用的排水路面具有减噪、防溅水、防滑、防眩光等效果，从而大大降低了交通事故的发生率。此外，日本的高速公路多采用自动收费系统，车辆的通行较为快捷和顺畅。

日本高速公路与其他国家相比，除了宽度比其他国家的高速窄小外，在其他方面也力求"瘦身"。比如，为了保证驾驶员专心驾驶，日本的公路旁除了交通标志显示牌外，绝无广告、标语等容易分散驾驶员注意力的东西。

日本的街头不见垃圾桶

在日本逗留期间，无论是大阪、京都、名古屋，或是横滨、东京，由于人口密集，虽然街道上人头涌动，但我们发现这些城市的街道，都像是刚刚被雨水冲刷过一样的洁净。街道上的汽车，街道两旁的楼宇建筑，它们或是锃光瓦亮，或是窗明几净……有时我们想丢弃纸巾，却满大街找不到一只垃圾桶。

日本城市的洁净，让我们很自然地想起城市里的清洁工人，但我们在日本的街头没有发现拿着扫把的清洁工人。

日本如此洁净的卫生环境，完全得益于他们良好的卫生教育和卫生习惯。日本的儿童从小就要学习正确处理垃圾的方法。对日本人来说，必须会处理垃圾，不会处理垃圾就无法在日本生活。但对于不按规定处理垃圾

的人,一般都是由政府派人上门拜访、说服。对于那些"顽固分子",他们也有办法:日本TBS电视台有一个栏目,专门在全国寻找不处理垃圾的人,然后由节目主持人与他们接触,帮助他们一同处理垃圾。据说,该电视节目的收视率相当高。

除了日本人良好的卫生教育外,日本早已实行严格的垃圾分类和回收,而且日本的垃圾分类和回收首先是从家庭内部开始的。

20世纪80年代,日本开始实行垃圾分类和回收。当初的垃圾分类只是分为报纸、杂志、瓶、罐等少数几类,而如今一些小城市则细化到一二十类,有些大城市甚至细化到几十类。例如,垃圾要分可燃的和不可燃的;瓶类要分为无色瓶、茶色瓶、其他瓶,而且还要把瓶子和盖子分开。垃圾就根据这些分类被装到了不同的袋子里。在垃圾分类过程中,除了要将可燃的和不可燃的东西分开以外,像一些可以回收的垃圾还得处理之后才能送走。比如旧报纸要码放整齐并捆好,一些瓶瓶罐罐要清洗干净,而哪天回收哪类垃圾也有规定的时间。所有这些信息,当地有关部门会通过发放宣传册等方式提前通知大家。

在垃圾回收方法上,生活垃圾一周回收两次,而有些种类的垃圾,回收的周期要长些。像塑料的包装容器,一周收集一次。像瓶子、罐子这种东西是一个月收集两次。到了送垃圾的时间,日本居民会把垃圾送至各自小区指定的回收点里,再由相关部门统一来回收。如果居民送垃圾时错过了回收时间,则要把垃圾带回家,等到下一次回收时再送去。

日本人自从开始这样分别收集垃圾以后,他们的生活方式也有了很大的改变,如在日常生活中尽量注意少产生垃圾,同时还会尽量节省。一贯如此,环保意识也自然增强了。因为垃圾处理得好,城市里边比较干净,人们的清洁意识也提高了不少。

据说，许多外国人感觉在日本生活最不适应的一个地方就是细致的垃圾分类。外国人刚去日本时，小区都会给他们发一本小册子，里面会详细介绍如何将不同的垃圾分门别类。尽管如此，许多人在第一次扔垃圾时还是会弄错，可见垃圾分类的明细和条目之繁多。

在垃圾的处理上，位于大阪舞洲岛上的舞洲垃圾处理厂可以说是日本垃圾处理的一个缩影。舞洲工厂主要是对一些可燃垃圾和大型垃圾进行处理，这里每天可以燃烧处理900吨的普通垃圾、100多吨的大型垃圾，基本上是24小时不间断运转。在垃圾处理过程中，首先，汽车会把已经分完类的垃圾拉到厂子里，然后投入垃圾坑里，有两个直径六米的大"抓手"把垃圾抓起来，一次能抓进十多吨，然后投进焚烧炉。焚烧炉里的温度可达900度，经过分解、除臭等，最后把它变成颗粒状的物质排出。经过焚烧炉焚化之后的这种粉末性物质，体积只是原来的1/5，而重量只是原来的1/15。在排出的过程中，它的气体经过一系列高科技的处理，最后在烟囱里排出的时候，已经没有公害了。同时通过下水道被排走的废水，经过各种高科技处理之后，也已经没有公害了。

而大型垃圾处理跟普通垃圾稍有不同，专门的切割设备会先将大型垃圾切碎成小块，之后，还会有专门的设备将垃圾中的铁和铝分离出来，并加工成颗粒状。经过这些处理之后，废品就又成了"宝贝"，可以直接出售。此外，垃圾焚烧过程中产生的热能又被垃圾处理厂用于发电。

总之，这家垃圾处理厂，可以将城市生活垃圾进行高效率的无害化处理，最后变成各种各样的再生产品，资源垃圾可以循环再利用。如日本人在卫生间里放置的均是用"垃圾"生产出来的再生纸，这种纸使用后可直接投入马桶溶化并冲走，不必再放入专门的垃圾桶。而可燃垃圾燃烧后可作为肥料，或者干脆变成了无害的灰土回归大地；不可燃垃圾经过压缩无毒化

处理后可作为填海造田的原料。例如,东京新兴的综合休闲娱乐区——台场,就有一部分是用垃圾在东京湾里填出来的。

日复一日,年复一年,日本人把垃圾分类做到了极致,同时也把垃圾再生利用做到了世界第一。正是靠这种来自民间的高度自觉的环保意识,才使日本成为世界上最先进的环保国家。在日本,环保意识可谓是深入人心!

东京的夜空没有灯火辉煌

日本东京,这座国际化大都市,高楼耸入云天,人流如潮涌动。夜幕下的东京,我们的想象中应该是灯火辉煌,如繁星璀璨。但实际上,在我看来,东京的夜色说是一片昏暗可能有点夸张,但高楼灯火零星,路面街灯暗淡,与其他国家的现代化城市相比,就如同家里的台灯调暗了度数。但是,东京的夜色虽然有点"昏沉",可汇集着世界顶级品牌奢侈品的"银座"街市上晶亮剔透的橱窗和霓虹灯,似乎在闪烁着他们的低调奢华。

众所周知,日本是一个国土面积不足中国二十五分之一、人口数量不足中国十分之一的国家,而且日本是一个能源极其匮乏的国家,百分之九十的能源靠进口。因此,日本全社会都非常注重节约能源。从政府到国民,对能源安全都具有强烈的危机意识。日本政府可以说把节约能源作为立国之本来对待。经过日本国民近三十年来的共同努力,目前日本已经成为世界上新能源开发利用最多和每单位GDP增长能耗最小的国家之一。

初到日本,我们不难发现,日本人街头不仅行驶的汽车小,宾馆的客房、卫生间小,而且日本人住宅平均面积亦很小。日本城市居民特别是东京市区居民的住房面积的确不大,普通职工家庭有一套70平方米的住房就已经很不错了。由于住房面积不大,所以日本人很少将自己的朋友带到家里去做客。

东京都 2003 年度《住宅白皮书》公布的数据资料显示，东京都 2003 年建成的住宅平均每套住房室内面积为 72.6 平方米（约相当于建筑面积 100 平方米）。包括东京都所属 20 多个市和村的住房面积都是这样的大小。如果在东京市中心的千代田、中央、新宿、涩谷和港区这 5 个区，住房面积还要小得多。不少日本人也自称自己的家是"兔子窝"，以此来形容自己的住房狭小。住宅小，并不是说日本人不喜欢住大房子，这里除日本"寸土寸金"地价外，单从日本国民 37500 美元的年平均收入来看，更多的应当是从利用土地和节约能源方面的考量。此外，绝大多数日本人不会不顾自己的经济实力而大讲排场，没有炫耀摆阔的陋习，在购买住房时大都量力而行，只购买能够满足自己家庭成员居住的住房，所以住房面积都不大。

日本人尽管住房面积不大，但其住宅内各种生活配置齐全，房间结构合理，厨房设备先进，使用方便，而且带有淋浴和浴盆的浴室，包括可以自动冲洗、烘干、加热于一体的高科技冲水马桶的厕所和洗衣间都是单独分开的，使用时互不影响，十分方便舒适。

夜幕降临，无论是在大阪还是在东京，或是名古屋，这些代表日本当今最现代化的发达城市并非华灯齐放、灯火辉煌，而是闪烁着白色节能灯发出的星星点点的夜光。

东京像暗夜中的奇葩，优雅而神秘。

诗词

律师情怀
LÜSHI QINGHUAI

律师情怀
LüSHI QINGHUAI

诗 词

三律先生

张语 | 文

王良其，三律者也。良其为律师，雄狮振鬣，哮于公堂。仗大义，执良言，分黑白，辨是非，每每唇枪舌剑，嚼钢咬铁，如日月经天，昼夜自分。良其为律诗，不为律缚，七言五言常用，八句大多没有，四句不作绝句，六言时有佳构。虽如此，清风明月，秋虫春花，禅机动处，水尽云起，不着于相，自显金刚般若。良其三律，乃持律戒。花花世界，滚滚红尘，饕餮凶猛，难能寡欲清心。菩提无树，何染尘埃？法之理，诗之情，佛之心，恰为三，三生万物。良其有三，胸怀万物，吐纳寰宇，岂不大也哉！

赞花（一）

桃花不知人去尽，
春来仍放旧时华。
是为生计离故土，
唯有院泥葬落花。

赞花（二）

梨花如雪白，

桃花别样红。
花开千万种，
风景各不同。

丝雨

三月桃花依杨柳，
独饮云帆醉船头。
不见春风吹旧梦，
化作丝雨落成愁。

忆仙源（一）

远山深谷翠竹，
白墙黑瓦木窗。
星光陈酒夜话，
不思锦程他乡。

忆仙源（二）

仙源现天宝，
悠悠上千年。
夜犬晨鸡鸣，
远山白云飘。

忆仙源（三）

晚霞沐乡野，
枫林知了鸣。
竹榻仰天卧，
举手勾星云。

忆仙源（四）

春风杨柳泊四方；
白驹过隙淼茫茫。
他乡锦城多换盏，
唯有仙源漫时光。

忆仙源（五）

始于玄宗，兴于南宋。
掠过明清，至于今日。
夜犬晨鸡，白墙黑瓦。
时光凝结，人间词话。

忆仙源（六）

一寸相思一寸灰，
寸寸相思烟雨飞。
江南旧事麻川水，
黄山脚下落樱悲。

登野岭

深谷斑斑雪，
满目下落叶。
孤身上野岭，
移步似登天。

秋暝

昨日才见杨柳绿，
今天已是菊花黄。
莫道年少多春风，
转眄流精鬓如霜。

幽兰

三月烟雨腊月霜，

诗　词

月下清泉细雨长。
走进深谷人未识，
任我幽兰暗自香。

荷塘（一）

午前奋笔午后闲，
荷塘岸上吟诗篇。
头枕西墙欲入梦，
知了叫破宁静天。

荷塘（二）

夏莲出池塘，
观柳听鸟鸣。
静静潜入夜，
新月照荷影。

犁春

农家烟雨犁三月，
蓑衣斗笠水中天。
蛙鸣阵阵飞杨柳，
东山衣绿放杜鹃。

登太姥山

欲上太姥摘青云,
邻人劝归勿处惊。
莫道山高征途险,
一池春水净丹心。

牧歌

夕阳田园牧歌,
衰草枯杨风鸣。
酒醒青山依旧,
星移斗转春秋。

归乡

抱柴生火煮饭,
熬油下锅流香。
故人陈酒夜话,
不思江北他乡。

桃花雨

轻舟三月觅故人,

丝丝春雨落纷纷。
山峦着绿腾腾雾,
点点桃红润雨声。

孤蝉

暮色他乡秋风起,
晚风迎面生寒意。
潭边孤蝉吱吱鸣,
归还途中无知己。

祭昭君

出塞离长安,
北去不复还。
斜阳落孤冢,
不见招魂幡。

砍柴

晓风柴刀扁担,
残月山道弯弯。
枯叶竹枝寒霜,
少年担回曙光。

太平湖

秋水平湖镜中天,
青山碧水翡翠园。
鹤舞白鹭去帆影,
嫦娥孤舟思流连。

秋殇(一)

渔舟归鹭月临水,
一江皖水荡云天。
落日余晖瞬息在,
不尽秋殇长河边。

秋殇(二)

春日才见杨柳绿,
秋风又到菊花黄。
谬误黄金千年业,
朝丝暮雪鬓如霜。

荒原怀古

残阳似血落荒原,

沟壑静静无炊烟。
层层沙土埋忠骨，
凝固上下五千年。

皆空

落日常相见，
东水不回流。
青山依旧在，
鹤去苇巢空。

端午河西

白云漂戈壁，
祁连与天齐。
农家手把锄，
端午麦苗低。